... denn das Erste ist vergangen

Evolutionsschritte
des Weiblichen
&
Vision des
Neuen Jerusalem

Ich sehe so klar wie das Tageslicht,
dass der Tag kommen wird,
an dem die Frauen die Menschheit
auf eine höhere Stufe ihrer Evolution führen werden.

Hazrat Inayat Khan

Die Vision einer Neuen Erde
beginnt in den Herzen der Menschen.

Annette Kaiser

Bibliografische Information der Deutschen Nationalbibliothek:
Die Deutsche Nationalbibliothek verzeichnet diese Publikation in
der Deutschen Nationalbibliografie; detaillierte bibliografische
Daten sind im Internet über http://dnb.dnb.de abrufbar.

© 2020   Emma Veh
Herstellung und Verlag
BoD – Books on Demand, Norderstedt

ISBN   9783751985406

Inhaltsverzeichnis

Vorwort

Die Blaue in mir

Jerusalem auf ewig   55

...denn das Erste ist vergangen

Friedens-Botschaft

Anhang   Bücher, die mir wichtig sind
Alle Botschaften auf einen Blick
Kontakt

Vorwort

„Krankheit als Weg" - dieser Titel der Autoren Dethlefsen und Dahlke könnte auch der Titel für die im vorliegenden Buch beschriebene Entwicklung sein. Eine Hautkrankheit führte mich zu der Frage: Wie ist weiblich?, schickte mich zu Maria, zu Madonnen und Göttinnen und ließ mich deren Antwort empfangen. Damit schien das Thema beendet und ich veröffentlichte das Manuskript „Die Blaue in mir" im Verlag BoD.

Doch eine Fortsetzung wollte geschrieben werden, ausgehend von dem Begriff „Jerusalem auf ewig", der mir in einer der oben erwähnten Madonnen-Botschaften eingegeben wurde. Im Laufe des neuen Manuskripts stellte sich immer wieder der Bezug zu den Botschaften der Madonnen und Göttinnen her, so dass es notwendig wurde, „Die Blaue in mir" als einen Teil 1 aufzunehmen. Nun gibt es die „Blaue" zweimal: als eigenständiges Büchlein und als Teil 1 des vorliegenden Werks.

In Teil 2 bettet sich das Thema „Weiblichkeit" ein in den größeren Sinnzusammenhang der Evolution der Menschheit hin zu diesem Neuen Jerusalem, das in der Bibel prophezeit wird. Während meiner Schreibphase begegnen mir Werke verschiedener Autoren, die zu diesem Thema Wesentliches zu sagen wissen und ich erkenne, welche Schritte notwendig sind, um die aktuelle Krise der Menschheit zu beheben, die durch maßlose Gier und rücksichtsloses Machtstreben den Planeten Erde und sich selbst in die Zerstörung geführt hat. Es ist der Wandel zur Herzens-Güte in uns selbst, zu den weiblichen Anteilen in jedem Menschen.

Die Blaue in mir

Wie ist weiblich?

Haut.
Unerträglich war ihr Jucken. Meine Fingernägel kratzten sie blutig, bis es schmerzte. Immer mehr Stellen wurden weiß und trocken und verhärteten sich zu blanken Flächen. Zwischen ihnen lief meine Haut blau an, so als würde ich stark frieren.
Drei Ärzte waren ratlos.
Ich hielt aus. Wohl oder übel. Über Jahre.
Vertraute dem Selbstheilungsprozess.
Der nicht einsetzte.
Was juckt mich? Welche Abgrenzung gelingt nicht?
Diese Fragen blieben unbeantwortet.
Ich hielt durch.
Bis meine Geduld zu Ende war und ich einer Freundin von meiner Pein erzählte. Ihr Hinweis war simpel:
„Frag deine Haut, was sie dir sagen will."

Meine Haut beklagte sich bitterlich, dass ich sie hart machen und quälen würde. Sie würde mich jucken, da ich nicht bereit sei, die Traumbotschaft der „TochterMaus" zu leben, deren Sprachrohr sie sei.
Erschrocken hielt ich inne. Die „TochterMaus"! Ein gruseliger Traum aus dem Jahr 2003 schickte seine Bilder wieder in meinen Kopf. Dort gab es zwei Töchter, die beide im Traum TochterMaus genannt wurden. Die eine nahm am Familienleben so teil, wie man es von ihr erwartete. Die andere jedoch ging eigene Wege. Das gefiel der Familie nicht. Sie wollte, dass auch die andere Tochter in die Richtung der Familie ginge. Doch diese gehorchte nicht. Auch nicht, als man versuchte, sie mit grausamer Gewalt zu zwingen. Sie behielt ihren Eigensinn. Es gipfelte darin, dass man sie tötete. Vater voran, unterstützt von Mutter und der angepassten Tochter.
Wieder ganz involviert in die finstere Traum-Stimmung begann ich ein Gespräch mit der anderen TochterMaus. Sie empörte sich

zunächst darüber, dass ich mich erst jetzt nach so langer Zeit und nach allem, was ich ihr im Traum und im Leben angetan hatte, nach ihrem Befinden erkundige und antwortete auf meine Frage, wer sie denn genau sei, mit einem Satz, der der Beginn einer langen inneren Reise wurde:

Ich bin die Blaue in dir.

Die Blaue in mir? Rätselhaft erschien mir diese Antwort. Die Farbe Blau war seit jeher eine Verlegenheitslösung für mich, eine Nicht-Farbe. Langweilig, nichtssagend. Doch die TochterMaus konfrontierte mich:

TochterMaus	Und was ist mit dem Maria-Blau? Ist das auch keine Farbe?
Emma	Das ist etwas Anderes.
TochterMaus	Und was ist da so anders? Wie wirkt das Maria-Blau auf dich?
Emma	Das Maria-Blau ist tief. Geheimnisvoll. Wissend. Ruhend. Es ist das Wissen hinter allem Wissen und kann durch nichts erschüttert werden. Es ist das Wissen um das Leben. Es ist die Leine zu Gott, die tiefe Leine zu Gott. Voll Erhabenheit. Ist Sein in Gott.
TochterMaus	Kann es sein, dass du Angst hast vor dieser Tiefe in Gott?
Emma	Ja, sie ist mir unheimlich. Was passiert mit mir, wenn ich mich ihr ausliefere? Sie ist so anders als „die Welt".
TochterMaus	Sie ist das Andere, das, was die Welt verloren hat. Was auch du verloren bzw. in dir zerstört hast. Ich bin die ANDERE TochterMaus, die in dir ist und die sich mit Gott verbunden weiß. Zu mir hast du kein Vertrauen. Nimm mich in dein Denken auf! Ich bin ein Teil von dir, sogar der wesentlichere als der „von dieser Welt". Tu nicht so, als sei ich ein Fremdkörper! Würdest du mich schützen? Du würdest mich verleugnen. Wie Petrus. Du

würdest mich verraten. Wie Judas. Du verortest dich immer noch auf der „weltlichen" Seite trotz aller spirituellen Entwicklungsschritte! Du, ein Teil von uns, missachtest mich! Lass mich leben! Was glaubst du denn, wer wir beide sind?

Wir sind das Maria-Blau.

Wir sind aus Gott.

Blau ist die weibliche Leine zu Gott.

TochterMaus.

Die andere TochterMaus ist die Blaue in mir, ist meine weibliche Leine zu Gott. Und sie spricht durch meine Haut! Wut sei in ihr gespeichert, sagten mir zwei befreundete Frauen, die in andere Welten schauen können. Mit diesen Aussagen konnte ich nichts anfangen. Es fühlte sich nicht stimmig an, dass die Blaue, die Göttliche, wütend sei.

Doch dann erkenne ich plötzlich: Die Wut ist auf der anderen Seite! Vater, Mutter und die „eine" TochterMaus sind wütend, wütend auf die Andere. Es ist die Wut des Täters, die in meiner Haut gespeichert ist. Sie will erkannt und aufgelöst werden, auf dass ich heil werde. Traditionell verleugne ich tief innen immer noch meine „Leine zu Gott", meine eigene Heiligkeit. Das alte Bild des Gottes, der männlich ist und außerhalb von mir die Geschicke lenkt, sitzt in meinen Zellen verankert.

Wie oft schon ist in Träumen und transpersonalen Erlebnissen eine blaue Göttin, eine in Blau gehüllte Maria zu mir gekommen! Wie oft schon wollte sie mich erinnern an meine eigene weibliche Göttlichkeit! Und ich verstand nicht. Konnte nicht verstehen, weil die Herrschaft des Gott-Vaters seit Jahrtausenden ungebrochen ist, auch in mir. Weil es zum Gott-Vater keine Gott-Mutter gibt. Nur eine Mutter Gottes, die den Jesus gebar. Die untergeordnet ist.

Suche.

Wer bin ich?

Ich frage mich, welche Lebensbedingungen mich geformt haben, mich als Frau. Und darüber hinaus interessieren mich die kollektiven weiblichen Wurzeln im Göttlichen: Maria, Madonnen, Göttinnen. Gibt es tatsächlich eine „Blaue" in mir, die gelebt werden will? Bahnt sich ein neuer Schritt auf meinem spirituellen Weg an?

Ich überlasse mich der Suche, die zum Finden wird. Das, was mir „zufällig" begegnet, ist mir willkommen, ich vertraue der Führung.

Mädchen.

„Mehr als zwei Weiber auf einem Haufen kann ich nicht aushalten" – Als Jugendliche fand ich Mädchen anstrengend, hysterisch und in den meisten Fällen zickig. Gleichzeitig erfüllte mich eine Sehnsucht nach der „besten Freundin", die mit mir durch dick und dünn ginge, mit der ich eine Art Symbiose leben könnte. Allerdings hat mein späterer Umgang mit solchen Freundinnen gezeigt, dass ich wollte, sie würden sich mir anpassen. Ich war es gewohnt, dominant zu sein. „Achtung, Achtung! Alles hört auf mein Kommando!", war ein Satz, den meine Mutter benutzte, um mein Verhalten in der Kindergruppe auf der Straße zu beschreiben. Das war eine Spielgemeinschaft von ungefähr sieben Kindern unterschiedlichen Alters, die sich täglich traf. Und ich war die Jüngste! Mit diesem Verhalten ging ich in die Fußstapfen meines Vaters. Auch er war dominant, auch er wusste alles gut und sogar besser. Man nannte mich „Vaters Tochter".

Eingeschult wurde ich erst mit sieben Jahren, weil ich mit sechs noch zu verspielt war. Ich sollte lieber noch ein Jahr zuhause bleiben. Zu jener Zeit war der Kindergarten-Besuch noch ein Makel. Er war für die „armen Kinder", deren Mütter arbeiten gehen mussten, weil ihre Männer nicht genügend Geld verdienten. Meine Eltern gehörten nicht dazu. Und so blieb ich noch ein weiteres Jahr in der Obhut meiner Mutter. Zart und verspielt – war das die andere Seite in mir, die andere Tochter?

Im dritten Schuljahr schrieb mir meine Klassenlehrerin ins Zeugnis, dass ich meinen Mitschülern gegenüber mehr Mitgefühl zeigen sollte. Ich erinnere mich daran, dass sie mir eines Tages auftrug, meine Nase nicht so hoch zu tragen. Ich setzte es um, indem ich auf dem Schulweg die Schrittplatten vor mir anstarrte, den Kopf kaum zu heben wagte. Denn den Sinn hinter dieser Äußerung verstand ich nicht. Aber schon bald war meine Lehrerin wieder zufrieden mit mir, lobte meine Hilfsbereitschaft und meine guten schulischen Leistungen. Vielleicht hatte ich doch verstanden?

In der Pubertät war mir meine Mutter eine enge Freundin. Sie hatte immer Zeit für mich und hörte sich geduldig meine kleinen Lebensgeschichten an. Allerdings wurde sie zu dieser Zeit immer wieder krank und blieb dann für einige Wochen in der Klinik. So kam es, dass ich das Wie und Warum meiner ersten Regel mit meinem Vater klären musste. Er stand es tapfer durch, aber er war nun mal keine Frau, die mir dieses weibliche „Ereignis" emotional hätte näherbringen können. Meine Mutter war abwesend.

Mutter.

Geboren 1925, war sie vierzehn, als der 2. Weltkrieg begann. Sie kam aus einfachen Verhältnissen. Ihr Vater hatte hinterm Haus eine kleine Schusterwerkstatt und züchtete Schäferhunde. Man hatte ein bis zwei Schweine und einige Hühner und versorgte sich mit Gemüse aus dem Garten. Die Nachbarn waren zum größten Teil „Vulkanesen", d.h. sie arbeiteten auf der Vulkan-Werft.

Im Alter von vierzehn Jahren war man damals mit der Schule fertig – zumindest in der Bildungsschicht der Familie meiner Mutter. Hauswirtschaftsleiterin wollte sie werden, doch der ausbrechende Krieg verunmöglichte den zertifizierten Abschluss dieser Ausbildung. Nun ging meine Mutter auf in Hitlers „Landdienst". Sie liebte dieses Leben auf großen Bauernhöfen und entwickelte ihren Lebenstraum: einen Bauern wollte sie heiraten und fünf Söhne in die Welt setzen. Diese zupackende, lebensbejahende, furchtlose Art befähigte sie z.B. auch, sich quer durch alle Kriegs-Fronten aufzumachen, um ihren Bruder im Lazarett zu besuchen. Niemand konnte sie aufhalten und niemand schadete ihr. Sie wurde kein Opfer der Kriegswirren. Diese Form von Weiblichkeit hatte nichts von „hysterisch" und „zickig". Kraftvoll und selbstbewusst ging meine Mutter ihren Weg. Das hatte sie geerbt: Selbstsicher – so war auch meine Oma, die Mutter meiner Mutter.

Oma.

Sie hatte insgesamt vier Kinder. Meine Mutter und ihr Bruder (der, den sie im Lazarett besuchte) waren von meinem Opa. Die anderen beiden Geschwister wurden gezeugt vom „Kartoffelbauern", den Oma ein Mal im Jahr besuchte, um Kartoffeln aufzusammeln und um eben auch noch etwas Anderes mit diesem Mann zu machen. „Mein nächstes Kind wird blond!" verkündete sie jedem, der es hören wollte. Meine Großeltern hatten beide schwarze Haare. Opa duldete es still, denn gegen Omas Entschlusskraft kam niemand so leicht an. Und Oma war mutig. Sie blieb z.B. auch stur dabei, die jüdischen Nachbarn trotz Überwachung zu besuchen.

So viel Stärke! Mutter und Großmutter lebten völlig unbeeindruckt von männlichem Machtstreben und gingen ihren eigenen Weg. Sie fragten nicht lange, sie machten das, was ihnen richtig erschien.

Und so paaren sich in mir Vaters Dominanz und Mutters Entschlusskraft und Eigenwilligkeit. Kein Wunder, dass ich weiß, was ich will. „Jetzt hab dich nicht so!", forderte meine Mutter.

„Ich kann es besser", war die unausgesprochene Erbschaft, die mein Vater mir mitgab.

Alles, was weich und anschmiegsam war, regte mich als Jugendliche auf. Alles, was kompliziert und zögerlich daherkommt, macht mich ungeduldig.

Frauen.

Die Frauenbewegung der 1960er/70er Jahre beeinflusste mein Verhalten zusätzlich. Zwar gelang es mir nur schwer, „politisch" zu denken, aber die Atmosphäre der aufbegehrenden Frauen prägte auch mich. Viele Forderungen dieser „Emanzen", wie mein Vater sie abschätzig nannte, waren dringend nötig, denn Frauen waren zu der Zeit Menschen zweiter Klasse.

Wikipedia erklärt ein Beispiel:

In der Bundesrepublik Deutschland lautete von 1958 bis 1977 der die Arbeitsteilung der Eheleute regelnde § 1356 BGB Absatz 1:

„[1] Die Frau führt den Haushalt in eigener Verantwortung. [2] Sie ist berechtigt, erwerbstätig zu sein, soweit dies mit ihren Pflichten in Ehe und Familie vereinbar ist."

Das hieß im ehelichen Zusammenleben, dass bis zum Jahre 1977 „frau" ihren Gatten um Erlaubnis bitten musste, wenn sie einen Beruf ausüben wollte! Da war ich bereits 25 Jahre alt und das Gesetz hätte eigentlich auch für mich gegolten! Die Forderungen der Frauenbewegung hatten sich zu dem Zeitpunkt jedoch schon so weit in den Köpfen der Eltern etabliert, dass auch mein Vater darauf bestand: „Die Deern muss einen Beruf lernen!" Die berufliche Erwerbstätigkeit hielt man/frau für die wünschenswerte Lösung der Ungleichberechtigung. Frau wollte sein wie Mann.

Die frauenbewegten Geschlechtsgenossinnen strahlten viel männliche Energie aus, waren kämpferisch und streitbar, durchsetzungsstark und provokativ. Sie förderten mein Dominanzverhalten und vielleicht auch meine Rücksichtslosigkeit.

Männer.

In der Tanzstundenzeit ging ich Freundschaften zu solchen Männern ein, die genau wie ich Spaß haben wollten. Ich lebte meine fröhliche Seite aus, war selbstbewusst und kaum nachdenklich. Als einer mich nach dem Sinn des Lebens fragte, war ich empört: Wie soll ich das denn wissen?

Ob mein Verhalten typisch weiblich sei, darüber machte ich mir keine Gedanken.

Dann traf ich einen, der war insgesamt anders: feinfühlig, verzweifelt an der Sinnlosigkeit des Lebens, naturverbunden, sensibel. Mit ihm wollte ich nach Alaska in die Wildnis auswandern. Mit ihm entdeckte ich meine weiche Seite, verließ meine burschikose Verhaltensweise, sah die Welt differenzierter an. Wurde ich weiblicher? Da er drogenabhängig war, unterbanden meine Eltern meinen Kontakt zu ihm.

Mit neunzehn lockte mich das Wesen eines Schulfreunds, der einfühlsam, klug und nachdenklich war und zusätzlich ausgelassen fröhlich sein konnte. Ich begeisterte ihn für mich und es entstand eine Beziehung, in der ich tonangebend war. Jetzt lebte ich wieder die alte forsche Rolle. Es gab wenig Konflikte zwischen uns, denn er las mir jeden Wunsch von den Lippen ab und erfüllte ihn mir. Eine leise Stimme in mir, die immer lauter wurde und schließlich zum Bruch der Beziehung führte, warnte mich vor dem eigenen Größenwahn. Ich hatte Angst vor mir selber, Angst noch dominanter zu werden und meine Macht zu missbrauchen.

Als Ausweg wählte ich eine Ehe, in der wieder die Freude am Leben im Vordergrund stand. Wir schoben alle Probleme an die Seite. Manchmal sah ich in unserer Beziehung ein Spiegelbild meiner Eltern. Das geschah in Zeiten, wo ich mir bewusst wurde, dass sehr wohl Probleme da waren, dass ich aber in eine Rolle gerutscht war, die nicht mehr von Dominanz geprägt wurde, sondern deutliche Züge von Unterordnung zeigte – so wie ich es von meiner Mutter kannte. Sie hatte mit ihrer Heirat ihren strahlenden selbstbewussten Willen ganz an meinen Vater abgegeben und ordnete sich ihm unter. Ein Verhalten, das ich eigentlich ablehnte und nun doch lebte.

Ich geriet in eine Krise, weil ich nicht mehr wusste, wie ich bin. Ich konnte die beiden Komponenten nicht vereinbaren, keinen gemeinsamen Nenner für sie finden. Entweder war ich weich und anpassungsbereit bis zum Selbstverlust oder dominant und egoistisch. Ich zweifelte an mir selber, denn meine Vorstellungen von einer Partnerschaft waren eigentlich ganz anders als das, was ich lebte. Aber konnte ich meinen Träumen trauen? Gab es eine gleichberechtigte Beziehung, in die sich beide Partner einbringen konnten in ihrem So-Sein, ohne dass sich eine/r verbog? Und: konnte ich so sein?

Die Ehe meiner Oma war geprägt durch ihre selbstbewusste Macht. Meine Mutter wählte die Ohnmacht. Und ich? Wer bin ich? In Selbsterfahrungskursen suchte ich mich.

Das Leben war nett zu mir: Ich fand ihn. Ihn, der sich als mein Traum-Mann entpuppte, und mit dem zusammen ich mich zu mir selbst entwickeln konnte und kann.

Die Frage blieb: lebe ich meine Weiblichkeit?

Weiblich.

Wie ist „weiblich"?

Ich suche nach Vorbildern, nach Orientierung.

War das Verhalten meiner Oma vorbildlich?

Meine Klassenkameradinnen – lebten sie die weibliche Rolle, das weibliche Wesen?

„Zart und verspielt" – ist das meine weibliche Seite?

Und meine Mutter? Schon in den 1960er Jahren verabschiedete sie sich zeitweise aus dieser Welt, flüchtete in Wahnvorstellungen und landete in „Nervenheilanstalten", wie man sie früher nannte. Verloren war ihre Tatkraft und Stärke. Sie hatte ihren Lebenstraum vom Bauernhof mit Mann und fünf Söhnen eingetauscht gegen eine 60m²-Stadtwohnung mit einem Lehrer als Mann und einer einzigen Tochter. Ihrer warnenden inneren Stimme hatte sie keine Beachtung geschenkt. Sie wurde „verrückt" daran. Schubweise. Dazwischen blitzte ihre alte Entschlossenheit und Fröhlichkeit auf, was meinen Vater und mich innerlich zerriss. Lebensfreude und Lebensmüdigkeit reichten sich die Hand im ständigen Wechsel. Mehrmals versuchte sie sich umzubringen und glitt immer mehr in ihre eigene Welt, die wir nicht mit ihr teilen konnten. Sie erlebte meinen Vater und mich als Feinde, die ihr eine falsche Realität einreden wollten. Schließlich stellten Ärzte sie medikamentös so ein, dass keine Dramen mehr passierten. Aber auch keine Lebensfreude mehr aufkam.

Erst später in meinem Leben zog ich den Schluss, dass der ignorierte Lebenstraum Ursache für ihre Krankheit sein könnte. Vorerst war ich erschüttert, dass meine Mutter im Leben gestorben war. Da war ich Mitte dreißig. Meine Mutter, so wie ich sie gekannt und geliebt hatte, war tot. Eine mir fremde Frau saß jetzt teilnahmslos in ihrem Sessel.

Wie ist „weiblich"? Ich blieb erst einmal so, wie ich war: selbstsicher, burschikos, entschlussfreudig und manchmal auch aggressiv. Die Alternativen, die ich kannte, waren nicht verlockend und ich wollte nicht untergehen wie meine Mutter.

Antwort der Göttlichen

Botschaften.
Etwas in mir war allerdings gar nicht zufrieden mit diesem Beschluss und schickte Botschaften. Ein Traum aus dem Jahr 1994 ließ mich voller Fragezeichen zurück:

> *Ich war mit meinem Mann in einem kriegsnahen Gebiet. Eine geflohene Frau kam zu uns an den Tisch in der Cafeteria, in der wir frühstückten. Sie setzte sich mit ihrem Getränk zu uns, aber merkwürdigerweise UNTER den Tisch. Weitere Flüchtlinge kamen hinzu und setzten sich so, dass sie mit der Frau auf gleicher Augenhöhe waren. Sie fingen ihren Blick auf und die Frau erwachte wie aus einem Traum. Über sich selbst verwundert sagte sie: „Ich war ganz tief in Gedanken versunken und setzte mich in alter Gewohnheit unter den Tisch, so wie ich es im Kriegsgebiet machen musste, denn dort war ich nichts wert." ***

Gab es in mir eine Frau, die unter den Tisch musste? Weil Krieg herrschte, in dem sie nichts wert war? Wenn ja, wer war diese Frau? WIE war sie? Hatte sie Ähnlichkeit mit der blauen Frau, von der ich ein Jahr zuvor geträumt hatte?

> *Nach einiger Zeit erreichten wir unser Ziel: Eine große, schlanke Frau in einem dunkelblauen, enganliegenden Kleid. Sie hatte lange, schwarze Haare und tiefbraune Augen. Ruhig, ernst und wissend schaute sie uns an. Das war wie Heilung! Sie war etwas Wunderbares.*

---

* Alle kursiv gedruckten Texte sind Träume oder Botschaften aus der Geistigen Welt.

Einige Jahre später erschütterte mich eine Erfahrung während einer Sitzung in Holotropem Atmen:

Ich sehe eine Madonna mit ihrem Kind. Ihr Gewand ist blau und auch das Kind ist blau eingehüllt. Ist sie Maria? Eine unstillbare Sehnsucht lässt mich leiden. Ich weiß: Die Nabelschnur zur Göttlichen Mutter ist von meinem Herzen abgerissen. Die Trennung von der Göttlichen Mutter ist die Traurigkeit in ihrer Urform.

In welche Richtung wollten mich diese Botschaften führen? Meine Haut zeigt mir den Weg: eine blaue Madonna in mir will erkannt und gelebt werden.
Mit ihr nehme ich Kontakt auf.

Madonna
Wer bist du? Wen liebst du?
Was willst du? Von mir - in mir?
Blau ist dein Licht der Liebe voll Sanftheit.
Blau umhüllt dich dein Gewand und umfängt auch dein Kind. Das Kind, das die Liebe sät in alle Welt.
Du, die Gebärerin dieser Liebe im Männlichen, lächelst milde, wissend und ergeben.
Deine Demut siegt über alle Gewalt.
Madonna – Mutter, Göttliche Mutter.
In vielen Leben trennte ich mich ab von deiner Nabelschnur. Bis ich dich nicht mehr fühlte, dich nicht mehr kannte.
Madonna
Meine Sehnsucht ist unstillbar. Sie lässt Tränen des Schmerzes quellen. Das Meer der Traurigkeit erfüllt und verschluckt mich.
Sehnsucht, sehnende Suche.
Wo bist du?
Madonna
Maria.
Wer bist du?

Und ich forsche. Erforsche die theologisch geprägten Fakten, die in Büchern stehen, doch sie lassen mich unberührt. Was nützt es mir zu „wissen", wo es doch um mein Herz geht! Ich will dich fühlen, Maria. Wie bist du?

Tausende Male bist du erschienen. Hast aufrichtige Herzen von Kindern und Betenden gefunden deine Worte zu übermitteln. In Lourdes, in Fatima, in Medjugorje. Deine Botschaften künden vom Wissen um die Welt in ihrem So-Sein, mit all ihren Katastrophen und Abgründen, die die Menschheit zu verschlingen drohen. Du hast gewarnt, wurdest nicht müde! Du hast Lösungen aufgezeigt, eindringlich. Nur wenige glauben an deinen Weg der Heilung. Sie zweifeln an der Wahrhaftigkeit der Erscheinungen, sind weit entfernt vom Glauben an das Nicht-Wissenschaftliche, an den Zauber des Lebens, an ein Sein im Nicht-Hier.

Überraschend nimmst du auch zu mir Kontakt auf, die ich dich doch gar nicht kenne. Voll Empörung verurteilte ich als junge Frau jeden, der dich anbetete. Wir Evangelischen finden dich nicht in deiner wahren Größe, weil wir nur in der Bibel suchen. Du kommst zu mir aus dem Land meiner väterlichen Wurzeln: Polen. Du knüpfst weise die Verbindung, damit ich erkenne, dass ich gemeint bin. Ich persönlich. In der Fülle deiner Erscheinungen durch all die Jahrhunderte hindurch springt ein Ereignis mich besonders an. Nicht der Inhalt dieser Botschaft lässt mich aufmerken, es sind die „Nebensächlichkeiten": 1852 in Lichen, einem kleinen Ort in Polen. 1952 – einhundert Jahre später, wurde ich geboren. Tag und Monat tragen die Fünf und die Zwei.

8-5-2 das sind „meine" Zahlen. Sie prägten sich mir in einem mächtigen Traum ein und tauchten überall in meinem Alltag auf.

Und „Lichen"! Vier lange Jahre ertrage ich meine juckende Haut, bis mir jemand begegnet, der weiß, wie die Krankheit heißt. Ich zeige der Gynäkologin mein verquollenes Allerweiblichstes und sie sagt: Lichen. Ein seltsames Wort zunächst. Drei Wochen später lese ich von der Marien-Erscheinung in Lichen. Der Kreis scheint sich zu schließen. Die Blaue in mir, die sich durch meine Haut äußert, knüpft die Verbindung wie zur Bestätigung: Lichen ist Marien-Ort und Kranksein am Weiblichen. Ist mein Wegweiser, wohin auch immer.

Das Bild der Lichener Maria, das jährlich von 1,5 Millionen Besuchern in Polen verehrt wird, berührt mich mächtig. Mein Zellensystem ist in Aufruhr, mein Atem geht schwer. Was geschieht mit mir? Ich irre durch einen aufgewühlten Tag, an dem mich das Maria-Bildnis nicht loslässt und ich stundenlang das Internet durchsuche. Aber auch hier schenken mir die Fakten keine Zufriedenheit, auch hier geht es allein ums Fühlen. Saugen meine Zellen diese spezielle Maria-Energie auf?

Ich verbinde mich innerlich mit Maria von Lichen und frage sie, was sie mir sagen will. Meine Hand schreibt die Antwort:

Liebe, sei frei! Fühle dich wohl trotz allem. Lass dich nicht untergehen, aber befreie, was du befreien kannst. Geh in die Güte und verteile sie unter den Menschen, auf dass Liebe erstrahle weltweit. Liebe, so rot wie mein Bildnis, voll Kraft, Zuversicht und Vorwärts. Sei frei von Kummer. Liebe! Liebe, was das Zeug hält!

Nutze das Rot für „Vorwärts". Vorwärts im weiblichen Sinne.

Du kannst gelingen für alle, die weiblich sind.

Befreie eure Stärke, Kraft und Zuversicht!

Werde Formerin des Schicksals.

> *Ihr Frauen, nehmt das Leben in eure Hände!*
> *Doch nicht wie bisher so männlich.*
> *Besinnt euch auf eure Königlichkeit,*
> *auf eure Erhabenheit im Göttlichen.*
> *Seid wie Isis und Hekate:*
> *aufrecht, wahrhaftig und voll Herzblut.*
> *Liebe soll regieren.*
> *Reine aufrichtige Liebe für alle Geschöpfe,*
> *für alles Sein − ALLES.*

Sei du Botin mit dem, was du schreibst. In Liebe.

Ergriffen lese ich diesen Auftrag an uns Frauen und an mich. Bin ich dem gewachsen, Botin zu sein? Wird man – frau mich hören, mich ernst nehmen? Ich starte einen kleinen persönlichen Versuch und schicke die Marien-Botschaft an Frauen, die ich gut kenne. Das Echo überwältigt mich: sie jubeln! Sie freuen sich, dass die spirituelle Entwicklung in diese weibliche Richtung vorangetrieben wird!

Mit neuem Schwung setze ich die Erkenntnis-Reise zu der Blauen in mir fort. Sie ordnet sich offenbar in einen weiten, meine Person überschreitenden Rahmen ein.

Maria, ich öffne mein Herz für dich.

Verehrung.

Welche Herzenssprache klingt in den Frauen, die mit Maria aufgewachsen sind, eingebettet in katholische Marien-Rituale? Welche Sehnsucht steckt in der Marien-Verehrung? Ich lese und frage. Lasse mich erfüllen von den weiblichen Antworten. Immer wieder ist von Schutz die Rede. Maria als gütige Mutter, die uns behütet, unser Vertrauen stärkt und Kraft und Trost spendet in kummervollen Zeiten. Ein Marien-Lied fasst es zusammen:

Maria, breit den Mantel aus,
mach Schirm und Schild für uns daraus;
lass uns darunter sicher stehn,
bis alle Stürm vorübergehn.

Maria wird erlebt als Symbol für Zartheit und Schutz. Maria macht uns weich und tröstet uns. Sie befähigt uns zu ertragen, was uns aufgetragen.

Mir kommt der Beatles-Song „Let it be" in Erinnerung:

When I find myself in time of trouble
Mother Mary comes to me
Speaking words of wisdom

"Let it be"

And in my hour of darkness
She is standing right in front of me
Speaking words of wisdom
"Let it be"

Auch hier fließt Trost und Liebe aus den Zeilen, zum Ausdruck gebracht von Männern.

In den Marien-Erscheinungen entsteht ein ganz ähnliches Bild der Maria. Fürsorglich liegt ihr das Wohl der Menschen am Herzen. Und je nach Erfahrungsfeld der Botschafts-Empfänger formuliert sie ihre Fürsorge. Mit Staunen lese ich von über 900 dokumentierten Marienerscheinungen in den letzten zwei Jahrtausenden (Herzenberger/Nedomansky, Augsburg 1996). Und wir können davon ausgehen, dass es eine „Dunkelziffer" gibt, besonders in den weit zurückliegenden Jahrhunderten. Maria wird nicht müde uns zu kontaktieren. Diese Erscheinungen zeigen mir, dass es da ein wie auch immer geartetes „Wesen" außerhalb unserer sichtbaren Welt gibt. Mir scheint, es ist ein kosmisches weibliches Bewusstsein, das sich in den Marien-Erscheinungen so weit materialisiert, dass Menschen, die mit dem Göttlichen besonders verbunden sind, Bilder und Botschaften empfangen können.

Maria! Wer bist du?

Christina von Dreien bezeichnet dieses Maria-Bewusstsein als „Meisterin der Galaktischen Förderation des Lichts" , einem „planetaren Rat", in dem zahlreiche Zivilisationen vereinigt seien. (Christina, Die Vision des Guten, Govinda 2018) Nicht wirklich kann ich mir vorstellen, was das zu bedeuten hat, aber ich fühle, wie sich mein Weltbild erweitert und ein kosmisches Sein integriert, das ich bisher nicht denken konnte. In diesen „Raum" kann ich nun auch die Botschaften einordnen, die mich selbst in den Jahren 2017/18 erreichten und auch die oben beschriebene Lichen-Botschaft könnte aus dieser Quelle kommen. Sicher scheint mir, dass die Geistige Welt vermehrt Kontakt mit uns aufnimmt. Allein die Marienerscheinungen haben sich im 20. Jahrhundert im Vergleich zum 19. vervierfacht. Selbst wenn man vorsichtig ist mit der Bewertung der Zahlen, kann man nicht umhin, eine gewisse Dringlichkeit auf Seiten der Kosmischen Welt und ein erhöhtes Empfangsvermögen der Menschen zu erkennen. Des Weiteren ist das Internet voll von Botschaften unterschiedlichster Geistiger Wesen. Wir sind nicht allein!

Und die Frauen, die ich zur Maria interviewte, wissen das. Mit meiner Frage, was sie denn vermissen würden, wenn es Maria nicht gäbe, erntete ich Kopfschütteln: Ihr Fehlen ist nicht vorstellbar. Damit bekommt mein Bedürfnis, die Blaue in mir kennenzulernen, eine erweiterte Bedeutung. Hier geht es nicht um die leibliche Maria, die den Jesus geboren hat, sondern um eine kosmische Entität, die immer gegenwärtig ist und sich in und durch Menschen zum Ausdruck bringen kann. Sie schenkt uns Schutz, Trost und Fürsorge. Ihre Hilfe darf auch ich annehmen, darf den Eindruck, alles selber machen zu müssen, loslassen und mich hingeben an diese liebevolle kosmische Kraft der Maria. Und ich darf selbst so sein: liebend und fürsorglich, zart und verspielt.
Maria! Herzlich willkommen, du Blaue in mir!

Avatar.
Und eigentlich habe ich diese kosmische Energie der Maria schon lange um mich, erkenne die Zusammenhänge aber jetzt klarer. Seit über zwanzig Jahren besuche ich regelmäßig den Darshan von Mutter Meera, einem weiblichen Avatar in Deutschland. Sie verkörpert für mich „das Göttliche" und führt mich auf subtile, sanfte Art. Ist sie typisch weiblich? Als menschlicher Körper schon. Ist sie eine Göttin? Sie würde es verneinen. Aber auf ihrer Homepage steht: Mutter Meera ist eine Verkörperung des weiblichen Aspekts des Göttlichen, der Göttlichen Mutter auf Erden. (mothermeera.com > Über Mutter Meera)
Vor wenigen Jahren während einer Einkehr-Zeit in der Benediktinerabtei St. Hildegard in Eibingen überraschte mich die

Erkenntnis: „Mutter Meera ist Maria". Was zunächst ein Gefühl blieb, das ich nicht erklären konnte, konkretisiert sich nun auf der Basis dieses Wissens um den kosmischen Hintergrund der katholischen Maria. Das Maria-Bewusstsein manifestiert sich auch in Mutter Meera.

Und noch eine Avatar-Mutter begleitet unser aktuelles Leben: Amritanandamayi kurz: Amma.

Amma umarmt täglich Tausende von Menschen, schenkt ihnen Segen und Liebe. Über sie erfahre ich auf ihrer deutschen Homepage: „Amma inspiriert, ermutigt und transformiert Menschen durch ihre körperliche Umarmung, ihre spirituelle Weisheit und ihre karitativen Projekte. Bislang hat Amma mehr als 30 Millionen Menschen umarmt und getröstet. Wenn man sie fragt woher sie die Kraft hat, so vielen Menschen zu helfen und gleichzeitig eine große karitative Organisation zu leiten, antwortet sie: „Wo wahre Liebe ist, geschieht alles ohne Anstrengung."

Und: „Ein ständiger Strom von Liebe fließt von mir zur gesamten Schöpfung. Das ist meine angeborene Natur. Ein Arzt hat die Pflicht Patienten zu behandeln. Genau so ist es meine Pflicht alle zu trösten, die leiden."

Trost und Liebe – DIE Wesensmerkmale der Maria werden von Amma gelebt. Uns zum Vorbild. Uns Frauen.

Lebe ich sie? Ich, die ich keine Mutter bin? Und doch mütterliche Anteile in mir kenne. Jemand nannte mich Mutter Teresa. Aber in mir regt sich Widerstand: ich mag nicht „reduziert" werden auf Mütterlichkeit!

Rollen.

Mutter - ein Begriff, der schillert. Viel ist hineininterpretiert worden, vieles wurde vermischt. Das Beziehungswort „Mutter" braucht das „Kind" an seiner Seite. Mutter und Kind – und nicht: Mutter und Mann! Meine leibliche Mutter nannte ihren Mann „Vati"! So wie ich, die Tochter. Und so vermischten sich die Rollen in meiner Familie. Mein Mutter-Bild ist geprägt vom Rollenverständnis des 19. Jahrhunderts. Viele Frauen jener Generation opferten sich auf für ihre Kinder und für ihren Mann, verschwanden als eigenständige Person im Beziehungsgeflecht, das sie selber erschufen. Es basierte auf der alten Rollenverteilung zwischen Mann und Frau, die im 18. Jahrhundert üblich war.

Es sträuben sich mir die Nackenhaare, lese ich die in Wikipedia veröffentlichte Aufstellung.

Hier eine Auswahl aus:

Polarisierung der Geschlechtsrollen im 18. Jahrhundert

Mann	Frau
Bestimmung für	**Bestimmung für**
Außen, Weite	Innen, Nähe
Öffentliches Leben	Häusliches Leben
Aktivität	**Passivität**
Energie, Kraft, Willensstärke	Schwäche, Ergebung, Hingebung
Festigkeit	Wankelmut
Tapferkeit, Kühnheit	Bescheidenheit
Tun	**Sein**
selbständig	abhängig
Durchsetzungsvermögen	Selbstverleugnung, Anpassung
Gewalt	Liebe, Güte
Rationalität	**Emotionalität**
Geist	Gefühl, Gemüt
Verstand	Empfänglichkeit
Abstrahieren, Urteilen	Verstehen
Tugenden	**Tugenden**

Würde	Schamhaftigkeit, Keuschheit
	Liebenswürdigkeit, Taktgefühl

Die der Frau zugeordneten Wesensmerkmale ziehen zwangsläufig ein Verständnis der Mutterrolle nach sich, das geprägt ist von Aufopferung bis zur Selbstlosigkeit. So will ich nicht sein! Und so will wohl heute keine Frau mehr leben.

Und meine weiblichen Wurzeln Mutter und Großmutter? Sowohl meine Oma als auch meine Mutter erlebten in ihren Jugendjahren, als sich ihre Rolle als Frau formte, männerlose Jahre, da Krieg herrschte. Sie mussten im wahrsten Sinn „ihren Mann stehen" und das Leben organisieren. Sie waren tatkräftig und selbstbewusst. Notgedrungen erlebten sie bei der Rückkehr der Männer aus dem Krieg eine Rollenkonfusion. Ein neues Gefüge mit alten Vorstellungen unterschiedlichster Ausprägung musste sich etablieren. Starken Frauen gelang es sicherlich, sich durchzusetzen. Wie meine Oma. Andere gingen ein Vater-Tochter-Eheverhältnis ein. Wie meine Mutter. Sie ordnete sich dem fünfzehn Jahre älteren Mann unter, drückte Zahnpasta auf seine Bürste und suchte täglich seine Unterhosen und überhaupt seine Kleidung aus dem Schrank. Ich kann das Wort „Mutter" nicht ohne diese klägliche Unterordnung denken. Und nicht ohne inneren Aufruhr. Und doch sitzen die alten Normen in meinen Zellen. Bin ich eine „gute Frau" ohne Kind? Als ich im Alter von vierzig Jahren beschloss, nicht mehr monatlich eine Schwangerschaft zu ersehnen sondern mich mit der Kinderlosigkeit abzufinden, flüsterte es in meinen Zellen: versagt.

Bin ich eine „gute Frau", wenn ich ein von ihm getrenntes Schlafzimmer wünsche? Das schlechte Gewissen plagte mich einige Jahre: „der arme Mann"! Und besonders „schlecht" wird sich eine Frau fühlen, deren Bedürfnis es ist, eine Ehe ohne Sexualität zu leben.

Auch dieses Gefühl kommt nicht von Ungefähr:

„Der 57-jährige Richter Sir Anthony Paul Hayden hatte in einem Urteil vor ein paar Tagen verkündet, er könne sich kein offensichtlich grundlegenderes Menschenrecht vorstellen, als dass ein Mann mit seiner Ehefrau schlafen dürfe", lese ich in der Online-Zeit vom 9. April 2019! Und in derselben Quelle heißt es: „...so fordert die Ehe von ihr doch eine Gewährung in ehelicher Zuneigung und Opferbereitschaft und verbietet es, Gleichgültigkeit oder Widerwillen zur Schau zu tragen."

Da kann eine Frau noch so selbstbewusst sein und ihr Mann noch so liebevoll partnerschaftlich: die alten Rollen und Normen zu „Frau" und „Mutter" wirken.

Und nun kommst du daher: MUTTER Maria! Und MUTTER Meera. Auch Amma heißt „Mutter". Aber: Eine andere weibliche Rolle scheint auf in einer Meera und einer Amma. Alle Konventionen übergehend verfolgen sie ihren eigenen Weg, erfüllen sie ihren göttlichen Auftrag. Aufrecht, sicher, zielstrebig und durch nichts zu erschüttern. Und trotz allem einfühlsam und nicht mit dem Kopf durch die Wand. Eine weibliche Führungskraft, die sich friedlich und mütterlich einfügt ohne ihr Ziel aus den Augen zu verlieren. „Mutter" hat nun eine neue Klangfarbe für mich: „Mutter mit göttlichem Ursprung" – ein Einverstanden-Sein lässt mich aufatmen. Jetzt ist es kein Begriff mehr, der mich reduziert. So ist es gut.

Blau.

Meine Ablehnung der Farbe Blau lindert sich. Vorsichtig nähere ich mich an, wiederentdecke in einer Kleiderkiste ein blaues Fließgewand, das ich zur Fasnacht trug, und halte meinen Blick bewusst lange auf blauen Dingen fest, die mich umgeben.

Blau, was sagst du mir?

Was machst du mit mir?

Es bleibt still.

In vielen Alltags-Wörtern begegnet mir das Blau: der blaue Planet, die Blaumeise, I feel blue (traurig), ich bin blau (betrunken), hellblau für kleine Jungs, Gebotsschilder auf der Straße. Meine Augen inhalieren das Blau des Himmels, das des Meeres und der kleinen blauen Blüten am Wegesrand: Kornblume, Wegwarte, Vergissmeinnicht. Ein zarter Faden entsteht in mir, der bereit ist sich mit Blau zu verbinden. Bald.

Himmelblau: licht, leicht, weit

Königsblau: strahlend, kräftig, satt.

Nachtblau: tief, geheimnisvoll, erhaben.

Als Jugendliche faszinierte mich die blaue Blume des Novalis, die die Sinnsuche der Menschheit symbolisiert und deren Bedeutung nie restlos in Worte zu fassen ist. Immer bleibt ein geheimnisvolles Unbenennbares. Das fühlte sich gut an. Das duftete nach Wesensgrund und ewiger Wahrheit.

Und dann ist es soweit: Ein Bedürfnis drängt mich mit blauer Wolle zu stricken. Königsblau mit einem Anteil von Nachtblau soll es sein: strahlend geheimnisvoll. Meine Suche in Wollgeschäften bleibt erfolglos, doch im Internet werde ich fündig und bestelle „meine" Wolle. Als ich die Verpackung öffne, durchweht mich eine leichte Enttäuschung: ein weiches Mittelblau ist zu mir gekommen, irgendwo zwischen Himmelblau und Königsblau. Dieser Farbton strahlt keine Erhabenheit aus, so wie ich es gern gehabt hätte.

Aber: er ist die Farbe der Himmelskönigin!

Maria schickt mir ihr Blau!

Verwundert lasse ich mich ein. Reihe um Reihe stricke ich. Finde nur schwer eine Verbindung zu diesem Blau der Maria, fühle ein Fremdsein und erlebe, dass meine Aufmerksamkeit ausweicht.

Maria, wie schwer mir der Weg zu dir fällt! Die Schwingung deiner Farbe erreicht mich nicht.

Beharrlich und achtsam stricke ich weiter. Masche für Masche. Ich rhythmisiere meine Handbewegungen mit einem Mantra, so dass es ein heiliges Tun wird: Amma Meera ... Amma Meera - immer wieder.

Nach einigen Tagen findet der zarte Faden in mir sein Ziel. Marias Blau zieht in mein Herz, direkt in mein Herz. Es erfüllt mich mit tröstlicher Sanftheit und Geborgensein. Leicht und doch sicher.

In einer Meditation atme ich das Blau in meine Gehirnhälften, erst links, dann rechts, verbinde sie und genieße all das Blau in meinem Kopf. Auch die Zirbeldrüse erfülle ich mit Blau. Es zieht weiter und breitet sich in meinem Körper aus, ohne dass ich es willentlich lenke. Blau, Blau, alles ist blau in mir. Ist Sanftheit und Gewiss-Sein, ist Ruhe und Frieden voll Klarheit. „Mother Mary comes to me!"

Trost, Schutz, Kraft und Vertrauen - nun kann ich all die Wörter *fühlen*, die die katholischen Frauen in meiner Befragung nannten! Und es ist so ein wunderbares Erleben! Behutsam füllt sich ganz tief innen in mir eine Leerstelle, schiebt sich ein Puzzleteil ins Gefüge. Noch ist es klein, aber ich bin sicher, es wird wachsen. Aus dem zarten Faden wird eine Leine werden, die weibliche Leine zu Gott.

Voll Wonne stricke ich nun meine Maria-Maschen. Die „krausen" mit dem Mantra Ma-ri-a, die „schlichten" mit Am-ma-Mee-ra. Sie zaubern ein Lächeln in mein Gesicht.

Stricken als Werden!

Danke, Maria, du Himmelskönigin in Blau.

Schwarz.

Auf meiner Suche nach der blauen Maria begegnen mir Madonnen, deren Gesicht schwarz ist. Ein seltsamer Zauber geht von ihnen aus. Ich fühle mich wie in einem Bann. Der starre Blick ins Irgendwo oder Nirgendwo...die aufrechte Haltung auf einem Thron...die großen Hände. Sie umschützen einen erwachsenen Jesus auf dem Schoß der Madonna. Oder leiten sie Heilendes zu ihm? Auch sein Gesicht ist schwarz – oder bei beiden zumindest ungewöhnlich dunkelbraun.

Man nennt sie die Schwarze Madonna. Welch Kontrast zur lieblichen Ausstrahlung der reinen, zarten Marien-Statuen!

Warum bist du so schwarz, Madonna?

Das frage nicht nur ich. In der Fachliteratur finde ich nur wenige Erklärungsmodelle, denn es gibt keine Überlieferung. Man sucht Zeichen und Hinweise und macht sich einen Reim darauf. Der absurdeste Reim, den ich lese, ist: der Kerzenrauch hätte das

Schwarz bewirkt. Komisch, dass Thron und Gewänder der beiden Figuren verschont blieben vom Ruß!

Was hat es auf sich mit dieser erhabenen, geheimnisvollen Madonna? Plausibles finde ich bei Petra van Cronenburg. Mit dem Wissen aus diesem Werk und mit der Sammlung der Madonnen-Orte durch Ursula Kröll im „Handgepäck" mache ich mich auf, einige Schwarze Madonnen in Frankreich zu besuchen. Die Region südlich von Clermont-Ferrand ist mein erstes Ziel. Dort warten vier Kirchen auf mich: Notre-Dame d'Orcival, Notre-Dame de Saint Gervazy, Notre-Dame de Chastreix und Notre-Dame de Molompize.

In der Nähe von Figeac miete ich ein zweites Ferienhäuschen, um Notre-Dame de Rocamadour aufzusuchen.

Ich möchte der Schwarzen Madonna begegnen, mich ihrem Geheimnis aussetzen, lauschen, was sie mir erzählen möchte. Auch hier wieder: spüren, fühlen. Mein Herz öffnen.

Und dann brennt Notre-Dame in Paris!

Unfassbar! DIE weibliche Kathedrale der westlichen Welt brennt lichterloh. Die Flammen schmerzen in meiner Seele. Ungläubig starre ich ins Inferno.

Plötzlich die Erkenntnis: das ist ein Zeichen. Das passiert nicht aus Versehen oder zufällig. Es hat nicht nur Resonanz mit meiner persönlichen Entwicklung, es hat Bedeutung für die Menschheit, zumindest für die der westlichen Welt. Eine kosmische Maria, die Statuen weinen lassen kann, die Wunderheilungen bewirkt, hätte den Brand verhindert, wenn es ihr Wille gewesen wäre! Es soll so sein! Genau so!

Doch wie heißt die Botschaft?

Ich fühle die inhaltliche Nähe dieses Zeichens zu meiner persönlichen Marien-Suche, aber ich kann sie nicht in klare Worte übertragen. All die Nachrichten, die mich aus dem Internet erreichen, treffen nicht den Kern. Sie befassen sich mit Äußerlichkeiten, fragen nicht nach dem höheren Sinn dieser Zerstörung.

Im zweiten Anlauf begegnen mir andere Nachrichten. Hier gibt es Verschwörungstheorien, seltsame Fakten-Kombinationen und in meinen Augen viel Ungereimtes, aus dem nicht die Liebe spricht. Jeder versucht aus seinem Blickwinkel heraus, der Bedeutung auf die Spur zu kommen. Aber sie überzeugen mich nicht. Ich fühle deutlich ein höheres Gefüge als Ursache dieses Brands. Etwas Gottnahes.

Ein Foto im Internet wird mir zum Schlüssel. Es zeigt die Trümmer des verkohlten, eingestürzten Kirchendachs vor der Piéta. Duster ist es ringsherum, so dass die Figur schwer zu erkennen ist. Aber aus ihr heraus erwächst ein leuchtendes Kreuz! Das Gold strahlt in dieser Finsternis aus Asche und Zerstörtem.

Dieses Kreuz trägt nicht den sterbenden Jesus, den Christus. Es steht für sich. Ganz allein in diesem Dunkel. Wie eine Hoffnung, wie ein Wege-Mal: dorthin! Reiner, leuchtender Glaube. Geboren aus der Zerstörung des Alten, emporwachsend aus der versteinerten ewigen Leid-Dramatik einer Piéta hin ins Licht, das jetzt ungehindert durch den kaputten Dachstuhl fließen kann.

Das Festgefügte der Kirche ist zerrissen, nicht nur auf der materiellen Ebene. Wir dürfen darüber nachdenken, welche Rolle Kirchendogmen heute noch für uns spielen. Wir dürfen erspüren, dass es einen anderen Weg des Glaubens geben kann, als den, in den „Kirche" uns die letzten Jahrtausende geführt hat.

Immer wieder las ich in den Dokumentationen über die Marienerscheinungen, dass es Marias wesentlichstes Anliegen ist, uns zu Jesus zu führen, zu Gottes Sohn. Das würde ich auch von einer Kirche erwarten, die sich christlich nennt. Christlich – von Christus. Doch ich sehe diese Aufgabe nicht verwirklicht. Alte überkommene Strukturen und Dogmen, die die Würde des Menschen ignorieren, werden tradiert und tradiert. Missstände und Macht-Missbrauch werden beschönigt, dass es zum Himmel schreit. Nächstenliebe? Hier ist der Christus wirklich gestorben.

Halleluja, dass die Kirche Notre Dame brennt! Feuer ist Transformation. Lasst uns unseren alten Glauben transformieren in eine neue Menschenliebe, die bereit ist, allen Menschen zu dienen. Im Sinne von Jesus, wie er sich in der Bergpredigt offenbarte.

Notre Dame de Paris, sei du uns Mahnmal für ein neues Miteinander im Glauben, in dem jeder willkommen ist. Befreit von Machtstrukturen, befreit vom Tanz ums goldene Kalb Geld.

Das Kreuz verbindet uns mit seiner Querachse untereinander, von Mensch zu Mensch. Seine Senkrecht-Achse symbolisiert unsere Verbundenheit mit Gott. Dazwischen steht kein Vermittler. Ich selbst positioniere mich auf dem Schnittpunkt dieser Achsen: im Frieden mit mir und meinen Mitmenschen und mit Ausrichtung auf das Göttliche, das in mir und um mich ist.

Auch das Gottesbild bedarf einer Transformation. Das Alte Testament beschreibt einen Gott-Vater, der machtvoll im Himmel thront und im Jüngsten Gericht die Menschen in Gut und Böse einteilt und sie dementsprechend belohnt oder in die ewige Verdammnis führt. Noch heute fürchten sich viele Menschen davor.

Dieses Gottesbild kann ich nicht teilen. Für mich ist das Göttliche bedingungslose Liebe. Voll Güte ermöglicht es uns unser Werden. Lassen wir diesen Gott in seinem goldenen Glanz aufleuchten, wie das Kreuz in Paris aus der Asche erstrahlt.

Vielleicht in der Vereinigung mit einem weiblichen Aspekt? Ich denke, die Zeit ist reif dafür.

Notre-Dame brennt gottgewollt. Für uns.

Für unsere Weiterentwicklung zu lichtvollen, liebevollen Wesen in innerem Frieden. Und sie zeigt uns die Richtung: es gilt weibliche Ethik zu verwirklichen, die Göttin auferstehen zu lassen, Notre Dame.

Notre Dame d'Orcival.

Mächtig thront die romanische Basilika inmitten der eher heruntergekommen wirkenden kleinen Häuser von Orcival. Es ist ein trüber Tag im Mai 2019, an dem nur einige wenige wetterfeste Touristen das gleiche Ziel haben wie ich: Notre Dame d'Orcival. Ich weiß mich begleitet von der Geistigen Welt, weiß um meinen

Auftrag bei diesem Madonnen-Besuch und bin eng verbunden mit meiner Seelenschwester Chalis im fernen England. Unsere Seelen sind sich nah, als ich das Bauwerk durch das seitliche Hauptportal betrete. Dunkel umfängt mich dieser riesige Kirchenraum und lässt mich zögerliche Schritte gehen. Was erwartet mich? Meine Augen erahnen ein überdimensionales, golden gerahmtes Gemälde einer Himmelsmadonna, das die Wand gegenüber dem Eingang ausfüllt. „Weiblich" ist mein erster Gedanke. Nur selten empfangen Kirchen uns gleich am Portal mit weiblicher Heiligkeit. Jesus ist nicht zu sehen. Schon gar kein Kreuz.

Im Mittelschiff wende ich mich nach rechts und erschaudere. Im Kerzen-Lichter-Goldglanz erstrahlt sie: Notre Dame d'Orcival.

Mein Atem hält inne. Mein Herz quillt. Tränen steigen in meine Augen. Madonna! Kaum erkenne ich dich aus dieser Entfernung, doch dein Sein umhüllt und erfüllt mich sofort.

Vorsichtig, als könnte ich etwas zerstören, setze ich Fuß vor Fuß und nähere mich dieser kleinen Figur, die majestätisch auf einem Sockel thront. Ihr stiller Glanz macht ungeschehen, dass um mich herum Männer reden und Kisten schleppen als Vorbereitung für die große Wallfahrt in drei Tagen. Das Gewölbe der Basilika vereint die Geräusche zu einem Klangteppich, der mich nicht stört. Ich bin längst in meinem Weg innen, habe Aufmerksamkeit nur für SIE.

Madonna! Meine Augen sehen, was ich auf all den Abbildungen schon sah, aber jetzt kann ich dich spüren. Leicht und silbern ist deine Energie. Sie öffnet meine Arme und mich. Langsam streben meine Handflächen auf mein Herz, schenken ihm deine Energie und Kraft. Ein erhabener Augenblick.

Als plötzlich die Wörter in meinem Kopf beginnen, nehme ich schnell auf der Bank des Chorumlaufs Platz und schreibe mit, was sie mir sagt.

Ich bin die Herrscherin der Welt.
Lasst euch nicht beirren. Das Weibliche ist Gott in
Vollendung, aus tiefstem Herzen, in aller Heiligkeit, zu der
Menschen fähig sind.

Alles ist Gott, doch Göttin ist das Höchste, aus dem alles ist, was ist.
Zweifle nicht. Lass dir nichts einreden.
Die Herrschaft des Alls ist in mir und allem Weiblichen.
In euch Frauen ist ein Funken von mir aus der Ewigkeit des Alls, des Kosmos, der un-unendlichen Liebe, die alles, aber auch alles zusammenhält.

Bekümmere dich nicht ob des Irrwegs der Menschheit.
Es ist ein schmerzvoller Prozess und Weg, der sein muss zum Werden. Zum Bewusstwerden der Einheit von männlich und weiblich, von yin und yang, von außen und innen. Jedes in seinem Sein, doch gemeinsam im Einklang aus zwei Tönen, die harmonieren in der Ewigkeit, aber noch nicht in der Welt.

Ihr Frauen werdet finden den Schlüssel zu allem, was ist in diesem Einklang voll Frieden und unendlichem Wissen der Herzens-Weisheit.
Liebet! Liebet einander aus göttlichem Herzen in der Vollkommenheit von allem, was ist.

Wir Madonnen wollen euch erinnern, euch mahnen, euch führen zum Heil der Welt.
Einigkeit soll euch beherrschen, Einigkeit im Göttlichen aus Göttin und Gott.

Lasst das Streiten ums Rechthaben. Geht in die Liebe, die das Gewebe des Kosmos ist. Diese Liebe wird euch beflügeln auf eurem Weg ins Licht der Sterne und in die Dunkelheit des Alls. Diese Dunkelheit umfange euch mit Wohl. Fürchtet euch nicht! Sie ist ein gottgleiches Sein in Frieden.

Lachet und seid fröhlich.
Genießet eure Tage voll strahlendem Glück.

Friede sei mit euch.
In Ewigkeit.
Amen

Gehet hin zum Weiblichen, ihr Frauen.
Vereinigt euch mit allen Göttinnen, die ihr   kennt.
Ich liebe euch.
Amen

Seid euch nah
so wie Chalis und du
von Seelen nah
im Herzen

Voll Demut und Dankbarkeit brenne ich zwei große Kerzen an, gleich dort, wo diese erhabenen Worte zu mir kamen.
Ein Licht für Chalis und eins für mich: zwei doch eins.

Nach einer kurzen Besinnung drängt es mich, Fotos zu machen. Zur Erinnerung an diese außergewöhnliche Begegnung zwischen dir, Madonna, mir und meiner Chalis, für die ich dir aus tiefster Seele danke. Sie ist die Frau meines Lebens. Und ihre Seele ist auch jetzt bei mir, das fühle ich.

Irgendwann löse ich mich aus dieser Göttinnen-Nähe und wende mich dem Raum zu. Seine Dunkelheit und Schlichtheit erschaffen Ruhe, obwohl mein Inneres alles andere als ruhig ist.
Da entdecke ich an der rückwärtigen Wand eine dunkle Nische, die automatisch beleuchtet wird, als ich mich ihr nähere. Ein archaisches Relief von Jesus' Taufe behütet eine Quelle, deren Wasser versiegt ist. Wieder macht mein Atem eine Pause vor Ergriffenheit. Madonna und Quelle, wie oft las ich von dieser Verbindung! Jetzt fühle ich sie. Ohne sie benennen zu können. Sie gehören zusammen.
Erfüllt, erfüllt und reich beschenkt drehe ich eine letzte Runde um die Madonna. Der Abschied fällt mir schwer.

Nach einem kleinen Bummel durch den Ort zieht es mich zum zweiten Heiligtum steil bergauf. In einer kleinen Kapelle, die ihre schönsten Tage lange hinter sich hat, entspringt das heilige, Wunder wirkende Wasser, von dem ich las. Aber ich darf es nicht kosten, verschlossen sind die beiden Zugänge. Der Ort wirkt lieblos behandelt, aber die Energie des Wassers hier lässt an Wunderheilungen glauben. Durch die Gitterstäbe mache ich ein Foto in die Dunkelheit des Raumes, wo die kleine Schwester der Notre Dame aus der Basilika sitzen soll. Erst der Blitz macht sie sichtbar. Madonna und Quelle, eine Einheit.

Zurück in meinem Ferienhaus brauche einen ganzen Tag bis ich mich dem Inhalt der Botschaft annähern mag. Der Besuch hat mich über alle Maßen erschöpft, ein Zeichen für die ungewöhnlichen Energien, die mich erreichten. Es ist, als müsste sich mein Sein erst einstellen auf diese Informationen aus höchster Ebene, sich öffnen für neue Denkweisen.

Da sprach ein Wesen, eine Entität zu mir und uns, die weit über die Statue der Notre Dame d'Orcival hinausreicht. „Herrscherin der Welt" und „Herrscherin des Alls" nennt sie sich selbst. Ein kosmischer Raum öffnet sich in mir, der mich mit Staunen erfüllt, der mein Weltbild wanken lässt. Wieder einmal.

Die absolute Herausforderung für mich ist, dass sich diese Herrscherin des Alls an die allerhöchste Stelle setzt:

Alles ist Gott, doch Göttin ist das Höchste...

Sie erschüttert mich zutiefst. Höher als Gott? Hab ich nicht richtig zugehört? Ist mir ein Übermittlungsfehler passiert?
Zweifle nicht, sagt sie, als wüsste sie schon im Voraus, dass diese Darstellung der kosmischen Ordnung alles sprengt, was bisher weltweit seit Jahrtausenden unangefochten ist.
Vielleicht ist mein eher flüchtiger Gedanke doch nicht so ganz abwegig: Wir sagen „Gott, der Schöpfer", doch muss nicht das

wirklich Schöpferische eine weibliche Einheit sein, die gebären kann? Eine Königin des Alls?

… Göttin ist das Höchste, aus dem alles ist, was ist.

SIE ist das Höchste, aus dem alles ist, was ist! SIE ist die Gebärerin, die schöpferische Kraft. Und dieses „alles" ist Gott! Heißt das, dass SIE Gott geschaffen hat?

Ich teste neue Sätze:
Göttin ist das Höchste, aus dem alles, was Gott ist, geschaffen wurde.
Oder:
Aus Göttin ist Gott, der alles ist,was ist.

Fast erleichtert wende ich mich dem zweiten, vertrauteren Kontext der Botschaft zu.

Ich bin die Herrscherin der Welt.
Das Weibliche ist Gott in Vollendung.

Auf der weltlichen Ebene ist SIE das Weibliche, das Gott verwirklicht. Und in jeder Frau, als weibliche Ausprägung des Lebens, ist ein Funken des Alls enthalten, ist diese Schöpferkraft angelegt. Das nimmt uns Frauen in die Verantwortung. Wenn wir unser wahres Wesen, unseren göttlichen Kern, leben wollen, sollten wir uns bewusst sein, dass wir Gott in Vollendung sein können und Schöpferpotenzial in uns beherbergen.
Gott in Vollendung. Schöpferpotenzial. Lebe ich das? Leben wir Frauen so? Setzen wir uns mit diesen Fähigkeiten in aller Gelassenheit und Selbstsicherheit gegen die männliche Vormachtstellung durch, die wir so gewohnt sind und die – ich will es ruhig einmal aussprechen: die ja auch so schön bequem ist in den gesellschaftlichen Gemeinschaften, in denen den Frauen kein direktes Leid zugefügt wird. Eigentlich können wir die Vorherrschaft gut aushalten. Doch:

Wir Madonnen wollen euch erinnern, euch mahnen,
euch führen zum Heil der Welt.

Das bezieht sich in der Botschaft sehr wohl auf das Gefüge, das zwischen Mann und Frau erreicht werden soll, aber zu der Zielformulierung „Einigkeit" gehört eben auch, dass wir Frauen in unsere ureigene Kraft gehen, um Partnerin auf Augenhöhe sein zu können. Wir sind aufgefordert, unser Potenzial zu leben. Erst dann kann die Welt zum Heil gelangen, heil werden, heilig sein.
Es ist wie in jeder Beziehungsarbeit: ich kann nur mich selbst verändern. Nur das steht in meiner Macht. Erlebe ich mich „unten", so ist es ein erfolgloses Unterfangen zu erwarten, „der oder die da oben" solle die Vormachtstellung verändern. Das Gefüge kann sich nur wandeln, wenn ich erstarke und meine Fähigkeiten auf friedliche, liebevolle Art einbringe in dieses Miteinander.
Und dieser Weg ist notwendig:

Bekümmere dich nicht ob des Irrwegs der Menschheit.
Es ist ein schmerzvoller Prozess und Weg, der sein muss
zum Werden. Zum Bewusstwerden der Einheit von
männlich und weiblich, von yin und yang, von außen und
innen.

Es ist der Weg, die Welt zu heilen, uns zu heilen, Männer wie Frauen.
Die Herrscherin des Alls spricht uns Frauen direkt an:

Ihr Frauen werdet finden den Schlüssel zu allem, was ist in
diesem Einklang voll Frieden und unendlichem Wissen der
Herzens-Weisheit.

„Nur Mut!", könnte ich hinzufügen. Mut zu den inneren Schätzen der Weiblichkeit: Gott in Vollendung leben und Schöpferkraft entfalten. Wir dürfen zuversichtlich sein, dass es gelingt.

Gehet hin zum Weiblichen, ihr Frauen.
Vereinigt euch mit allen Göttinnen, die ihr kennt. ...
Seid euch nah ...
von Seelen nah
im Herzen

Das ist das Wie, wie wir den Weg gehen können. Die Erhabenheit aller uns bekannter Göttinnen können wir uns zu eigen machen und ihre Würde und weibliche Kraft übernehmen. Mögen wir uns einfühlen in die Ausstrahlung einer Notre Dame d'Orcival, einer Isis oder Hekate und dieses Sein in uns und in jeder Frau wiederfinden als unseren ureigensten weiblichen Kern.

Und aus diesem Sein heraus können wir befolgen:

Liebet! Liebet einander aus göttlichem Herzen in der
Vollkommenheit von allem, was ist. ...
Lasst das Streiten ums Rechthaben. Geht in die Liebe, die
das Gewebe des Kosmos ist. Diese Liebe wird euch
beflügeln auf eurem Weg ...

Zu diesem Weg hin zu einem *gottgleichen Sein in Frieden* gehört ein neues Gottesbild:

Einigkeit soll euch beherrschen, Einigkeit im
Göttlichen aus Göttin und Gott.

Dazu gehört das Göttliche, in dem Gott und Göttin vereint sind als Ein-Klang. Und dazu gehört die Auferstehung der Göttin aus der Asche des Vergangenen.

Wenn auch die Quelle der Botschaft weit über die Figur der Notre Dame d'Orcival hinauszeigt, so lässt sich doch ein Bezug zur Skulptur erkennen.

Hier sitzt keine Mutter mit ihrem kleinen Jesus auf dem Schoß. Hier thront aufrecht eine Frau, auf deren Knien ein kleiner Mann Platz gefunden hat. Zwar erinnert das Größenverhältnis an „Mutter mit Kind", doch dieses „Kind" ist eindeutig erwachsen und wirkt wie ein Miniatur-Mann. Es ist auch keine mütterliche Situation, wie zum Beispiel bei Isis und ihrem ebenfalls erwachsen wirkenden Sohn Horus, dem sie Milch aus ihrer Brust spendet. Hier schauen beide Figuren in die gleiche Richtung und haben fast identische Körperhaltungen. Wäre der Mann größer, würden wir wie selbstverständlich ein Paar erkennen.

Welche Aussage steckt in diesem Größenverhältnis? Welche Wichtigkeit wird der weiblichen Figur und welche der männlichen gegeben?

Die Botschaft sagt:

> *Die Herrschaft des Alls ist in mir und allem   Weiblichen.*
> *Das Weibliche ist Gott in Vollendung.*

Wie könnte man diese Bedeutung des Weiblichen besser ausdrücken als mit diesem Größenverhältnis!

Kopfhaltung, Blickrichtung und Gesichtsausdruck sind bei Frau und Mann identisch, ebenso die Fußstellung und Armhaltung. So, als seien sie eins, aus einem Guss.

Auch die rechte Hand des Mannes, die Hand der Tatkraft, und die linke Hand der Frau, die Hand der Herzkraft, haben die selbe Fingerhaltung. Beide Figuren scheinen etwas zu halten, was nicht (mehr) zu sehen ist. Dieser Gegenstand muss dünn gewesen sein, über die Hand nach oben hinausgeragt haben und von leichtem Gewicht gewesen sein, so dass die Hand ihn nur aufrecht halten musste, ihn aber nicht trug. Eine ähnliche Handhaltung finde ich bei einer Darstellung der Göttin Isis, die ihren Stab hält, ihr Machtsymbol. Zu vermuten ist, dass auch diese beiden Figuren mit Machtinsignien ausgestattet gewesen waren. Das würde ihre Bedeutung als göttliche Wesen unterstreichen. Weibliche Macht gepaart mit männlicher Macht, Herzkraft gepaart mit Tatkraft.

Die einzigen deutlichen Unterschiede finden wir in den beiden anderen Händen der Figuren.

Der Mann hält ein Buch in seiner Linken. Ein Buch ist in vielen heiligen Skulpturen das Symbol für Wissen oder Weisheit und wir können davon ausgehen, dass es auch hier diese Bedeutung trägt. Der Mann hält das Buch in seiner linken Hand, d.h. auf seiner Herzseite. Damit wird das Herzwissen symbolisiert. Seine Tatkraft (rechte Hand) verbindet sich mit dem *unendlichen Wissen der Herzens-Weisheit* (linke Hand).

Die rechte Hand der weiblichen Figur streckt sich Schutz bietend nach vorn und zusammen mit ihrer linken Hand, die auch vor dem Körper des Mannes in der Luft schwebt, entsteht ein runder Raum, der den Mann umfängt. Er thront wie geborgen und beschützt im Weiblichen.

Wenn wir jetzt hinzunehmen, dass die beiden Figuren ernst vor sich hin blicken, mit weit geöffneten Augen, die eher nach innen schauen als in die Welt, vermittelt sich mir der Eindruck: hier geht es um ein heiliges Sein, ein inneres, gottgewolltes Heil-Sein. Die männliche, machtvolle Tatkraft soll unter weiblichem Schutz stehen und sich ausrichten an der Weisheit des Herzens. Er thront in ihr.

Sehen wir das Profil der Notre-Dame von ihrer rechten Seite an, zeigt es uns etwas herbe Züge, die auch zu einem männlichem Gesicht passen würden. Die linke Seite ihres Profils jedoch wirkt eindeutig weiblich. Trotz dieser Unterschiede ist ihr Antlitz harmonisch, im Einklang der beiden Hälften. Beide Figuren vereinen also männliche wie weibliche Merkmale, die sich gegenseitig durchdringen. Die Sätze der Botschaft klingen an:

> *Zum Bewusstwerden der Einheit von männlich und*
> *weiblich, von yin und yang, von außen und innen.*
> *Jedes in seinem Sein, doch gemeinsam im Einklang aus*
> *zwei Tönen.*

Aber auch:

> *Das Weibliche ist Gott in Vollendung …*

Alles ist Gott, doch Göttin ist das Höchste, aus dem alles ist, was ist.

Wagen wir den Vergleich mit dem heutigen Verhältnis zwischen männlich und weiblich! Scheuen wir nicht den Blick auf unser gewohntes Gottesbild! Ich mag mir gar nicht vorstellen, wie ein Bildhauer eine passende symbolträchtige Plastik gestalten würde. Beklommen muss ich feststellen, dass ich meilenweit, ja Lichtjahre entfernt bin von dem Ausdruck dieser von allen als heilig und gottgewollt empfundenen Skulptur Notre Dame d'Orcival und nur mühsam kann ich mir die Zuversicht in Erinnerung rufen, mit der uns Frauen in der Botschaft Mut zugesprochen wird.

> *Lasst euch nicht beirren. ...*
> *Ihr Frauen werdet finden den Schlüssel ...*
> *Zweifle nicht. ...*
> *Liebet! Liebet einander aus göttlichem Herzen.*

Ähnliches empfing ich auch von der Lichener Maria:

> *Ihr Frauen, nehmt das Leben in eure Hände! Doch nicht wie bisher so männlich.*
> *Besinnt euch auf eure Königlichkeit, auf eure Erhabenheit im Göttlichen.*
> *Seid wie Isis und Hekate: aufrecht, wahrhaftig und voll Herzblut.*
> *Liebe soll regieren. Reine aufrichtige Liebe für alle Geschöpfe, für alles Sein − ALLES.*

Welch eindringliche Aufrufe an uns Frauen! Es scheint an der Zeit, unseren Göttinnen-Kern zu leben, zu begreifen, dass wir Königinnen sein können und dass *das Weibliche Gott in Vollendung* ist. Aus dieser Erhabenheit im Göttlichen soll unsere Liebe fließen, unsere Liebe für alles Sein.
Wenn mir diese mir zugedachte Größe auch noch fremd ist, kann ich sie mir doch als Ziel vorstellen. Aber es gelingt mir nicht, Gott

an die zweite Stelle zu setzen, hinter die Herrscherin des Alls. So sehr mir dieser Gedanke vom Herzen her auch gefallen mag. Vielleicht ist die Zeit dafür in mir noch nicht reif.

Notre-Dame d'Orcival ist nicht schwarz, obwohl sie so bezeichnet wird. Sie ist aus dunklem Holz gefertigt. Die Namensgebung passt dennoch, da sie alle sonstigen Merkmale dieser Madonnen trägt. Drei weitere Madonnen warten laut meinem Reise-Plan auf mich. Zwei davon sind wirklich schwarz. Doch die Tage vergehen, ohne dass ich einen Impuls spüre, meine Besuche fortzusetzen. Die Auseinandersetzung mit dem Geschenk der Botschaft von Orcival braucht meine volle Aufmerksamkeit. Leise Sorge entsteht in mir, dass ich etwas verpasse, wenn ich keine „echte" Schwarze aufsuche, doch ein Überfrachten mit Eindrücken widerstrebt mir. Statt eines realen Besuchs nehme ich in Gedanken Kontakt zu den Schwarzen Madonnen auf und frage,
welches die Botschaft des Schwarz ist. Meine Intuition antwortet:

> *Es ist das Schattenreich,*
> *das Andere als Alltägliches.*
> *Es ist stiller als still und jenseitiger als jenseits.*
> *Es berührt meine tiefste Tiefe und bleibt ein Geheimnis,*
> *will nicht benannt sein, ist das Unaussprechliche:*
> *Zauber des Lebens und Seins,*
> *kosmische Endlosigkeit,*
> *eine Botschaft des Unerklärlichen,*
> *geboren aus dem Irdischen,*
> *geboren aus der Wiege der Menschheit.*
> *Es sammelt alles, was ist*
> *in eine formlose Form in Menschengestalt,*
> *transzendiert zu purem Sein*
> *aus kosmischen Gefilden.*
>
> *Schwarz:*   *Alles*
>   *im Nichts*
>   *auf ewig*

Erstaunt lese ich die Worte und weiß aber auch gleichzeitig: ja, so empfinde ich dieses Schwarz. Es hat nichts mit einer menschlichen Hautfarbe zu tun. Es öffnet den transzendenten Raum unseres Ursprungs als Menschheit. Und das spüren wir in der Farbe. Das macht die stille, wortlose Faszination der Schwarzen Madonnen aus. Sicher nicht nur für mich.

Nun kann ich meine Sorge loslassen und meinem Gefühl vertrauen, dass ich empfangen habe, was zu mir kommen sollte, dass es kein „Mehr" mit wirklich schwarzen Madonnen braucht.

Als Chalis mich in Frankreich besucht, beschäftigt uns die Frage zur Botschaft besonders:
Warum wird das Weibliche trotz des angestrebten Einklangs zwischen männlich und weiblich in die Vormachtstellung gerückt?

> *Seid ihr Frauen leuchtendes Beispiel ...*
> *Ihr werdet siegen*

Und wieder führt uns die Intuition. Chalis erinnert sich plötzlich an einen Spiegel-Artikel aus dem Jahr 2000, der betitelt ist mit: „Eva ist das Urgeschlecht". Darin wird erklärt, dass im frühen Embryo-Stadium jeder Mensch weiblich ist. Erst ab der 7. Woche besteht die Möglichkeit, dass zwei Androgene die Entwicklung zu einem weiblichen Wesen verhindern und das Geschlecht des Fötus ändern.

Dies ist sicher kein Zufall. Die Dominanz des Weiblichen ist biologisch vorgesehen. Aus einer weiblichen Anlage kann ein männliches Geschöpf werden – aber nicht umgekehrt. Für meine Freundin und mich liegt nahe, dass es auf der geistigen Ebene dafür eine Entsprechung gibt. Die Botschaft erklärt, dass wir Frauen den Schlüssel zur bewussten Wiederherstellung der Einheit finden. Wir haben offenbar die Erinnerung daran in uns aufbewahrt, um yin und yang zum richtigen Zeitpunkt auszubalancieren, um die Menschheit, die den Irrweg ins Nur-Männliche gegangen ist, zurückzuführen in die kosmische Einheit. Das könnte unser gottgewollter Auftrag sein.

Und auch hier scheint es eine biologische Entsprechung zu geben. In den letzten Jahrzehnten werden vermehrt Menschen geboren, deren Geschlecht nicht eindeutig zuzuordnen ist. Man spricht von „Intersexuellen" und das Bundesverfassungsgericht hat eine Änderung der Geschlechtszuordnung z.B. für Ausweispapiere befürwortet, um der veränderten Situation gerecht zu werden.

Nähern wir uns einer Vereinheitlichung in der Wertschätzung der Geschlechter? Begünstigt der biologische Wandel unser Umdenken? Grenzen, und damit Absonderungen, verwischen. Die Polarisierung in männlich oder weiblich ist nicht mehr wie gewohnt möglich.

Mit Chalis zusammen besuche ich die wirklich Schwarze Madonna in Rocamadour. Sie ist sehr schwarz und thront so hoch über unseren Köpfen, dass meine Augen ihre Gesichtszüge in dem hier herrschenden Halbdunkel nicht erkennen können. Ich muss fühlen. Aber auch das gelingt mir erst nach einer Weile, denn in Rocamadour herrscht Touristen-Andrang. Viel Unruhe geht von den hin und her gehenden Menschen aus, die meist nur schnell ein Foto machen und dann weiterlaufen.

Schließlich spüre ich die Energie dieses Raumes, dieser Schwarzen Madonna. Eine tiefe Traurigkeit bemächtigt sich meiner und legt sich schwer auf mein Herz. Lange Zeit bleibt sie namenlos. Dann entsteht der Sinnzusammenhang: „die Wurzeln … die Wiege der Menschheit … die Trauer über die Entwicklung der Menschheit von ihrer Wiege an". Ich muss an meine Intuition zur Farbe Schwarz denken: „geboren aus der Wiege der Menschheit" hieß es da. Etwas ganz Ursprüngliches zieht zu mir herüber und dieses Verwurzelte trägt eine endlose Traurigkeit.

Nach einer Weile kommt wie ein Flüstern der Madonna der Satz zu mir:

„Kein Wässerchen kann uns trüben."

Ihre und unsere Heiligkeit ist unzerstörbar, kann nicht einmal verletzt werden. Doch für mich ist der Trost nur schwach, er kann die Schwere der Traurigkeit, die ich jetzt gerade empfinde, nicht aufwiegen. Und so schwebt noch lange Stunden nach dem Besuch in Rocamadour etwas Bedrückendes in mir.

Eine weitere Station für Chalis und mich ist der Ort Conques. Beide sind wir in früheren Jahren unabhängig voneinander schon einmal hier gewesen und wir möchten die Verzauberung durch die helle, klare Energie in der Kathedrale wieder aufsuchen. Das gelingt. Wir sitzen andächtig nebeneinander in diesem heiligen Raum, genießen unsere Gemeinsamkeit voll Seelennähe und wissen, dass jede auch für sich allein stark ist.
Eins, doch zwei.

Diesmal wollen wir zusätzlich die heilige Fides im Museum aufsuchen, die seit dem Mittelalter in Frankreich berühmt ist. Viele Monarchen und Personen der Öffentlichkeit sind hierher gepilgert, z.T. als von der Kirche auferlegte Buße für begangene Vergehen. Hinter Panzerglas lagern goldene Kostbarkeiten, die den Reichtum der Kirchen prunkvoll in Szene setzen. Hinter Panzerglas thront auch die heilige Fides, über und über mit Edelsteinen und Gold verziert. Doch meine Schritte erreichen sie gar nicht, da ruft es schon in mir:

„Geh weg! Geh weg! Ist nicht gut."

Fast wie ferngesteuert wende ich mich ab, erkläre Chalis kurz, was gesagt wurde und wir verlassen das Museum. Das ist nicht unser Ort. Neben all dem Prunk, der uns sowieso abstößt, scheint es hier noch anderes zu geben, das uns nicht gut tut. Wir gehorchen der inneren Stimme gern. Später lese ich in dem mitgebrachten Prospekt, dass die Hl. Fides eine Märtyrerin war – also keine Schwarze Madonna auch wenn ihr Thron, der starre Blick, und die Haltung der Hände dies vermuten lassen.

Schließlich geht meine Frankreich-Reise zuende. Chalis fliegt zurück nach England und mein Mann ist wieder bei mir, denn er hat seine drei Caminos de Santiago in Spanien, die er auf dem

Liegedreirad erlebte, vollendet und unsere Wege verlaufen jetzt wieder gemeinsam.

Auf der Rückfahrt nach Deutschland machen wir Halt in Le Puy en Velay und besuchen die dortige Schwarze Madonna. Mit ihr hat im Jahr 2000 alles angefangen, als wir auf einer Etappe unseres Jakobswegs, den wir zu Fuß von Straßburg nach Santiago de Compostela gingen, die Kathedrale in Le Puy „besichtigten". Wie angewurzelt musste ich vor dieser Madonna stehen bleiben und wusste nicht, wie mir geschah. Eine merkwürdige Faszination machte sich in mir breit, die ich nicht verstand und nicht einordnen konnte. Heute nun, rund zwanzig Jahre später, stehe ich wieder vor ihr und sage aus tiefem Herzen danke.

Danke für all die Madonnen-Geschenke dieser Reise, die mich bereichern und mich meinem Wesenskern als Frau näher bringen. Und SIE schickt mich auf die Fortsetzung der Reise:

> *Geh mit deinem Herzen in die Welt und künde von mir*
> *und allem Weiblichen im All.*
> *Gott ist mit dir. Vertraue der Göttin in dir.*
> *Jerusalem auf ewig.*
> *Amen.*

„Künde, künde!" Immer wieder bittet man mich inständig, meine Erlebnisse in die Welt zu schicken. Und wenn ich zwischendurch meinen Weiterweg nicht erkennen kann, ermuntert man mich, einfach dem Schreibfluss zu folgen, der mich in die richtige Richtung führen wird. Auf diese Art reiht sich ein Thema an das andere und der vorliegende Text entsteht, den ich nicht wirklich vorplanen kann.

Meine Intuition schickt mich noch einmal zur Orcival-Botschaft:

> *Vereinigt euch mit allen Göttinnen, die ihr kennt*

heißt es dort. Das sind bei mir nicht viele. Isis kenne ich vom Namen her und habe sie als Jugendliche aus ästhetischen Gründen gemocht. Ihre Feder-Flügel und die aufrechte Haltung sprachen mich an. Einige Jahre später kaufte ich mir das Isis-Symbol „Ankh" als Kettenanhänger, weil ich die Form schön fand und gegen die Symbolik der Vereinigung von männlich und weiblich nichts einzuwenden hatte. Die Geschichte der Isis und ihre Bedeutung sind mir jedoch unbekannt. Auch den Namen Hekate, der in der Lichen-Botschaft vorkommt, kann ich nicht mit Inhalt füllen. Also wird sich meine Suche in diese Richtung fortsetzen.

Isis.

Künde, künde! Aber was kann ich schon künden von Isis, was nicht bereits von anderen Autoren zusammengestellt wurde? Isis, die große Göttin voller Anmut und Stärke, voller Liebe und Kraft des Vertrauens. Ich lausche auf das, was sie mir sagt:

Jeden Tag genießt du als Werde-Tag, als Tag zum Gelingen
der Welt in ihren Angeln.
Sei bereit, das Unmögliche möglich zu machen.
Geh in deine Kraft aus Kosmos und Liebe.
Sie kann Berge versetzen, wenn du dich hingibst.
Glaube! Glaube an diese Kraft und wirke.
Wirke Gutes in dieser Welt aus Leid und Furcht.
Verbreite Zutrauen und Weiblichkeit im Göttinnen-Kleid.
Fliege! Fliege über Grenzen aus uralten Zeiten
hin in ein Leben voll Zutrauen und Liebe.
Sei frei! Frei von Normen, die einmal galten.
Es ist/wird eine neue Zeit mit neuen Werten.

Füge hinzu. Füge die Weiblichkeit zur Männlichkeit
wie die Kinder der Göttin.
Glaube daran, dass es möglich ist,
die Welt zu harmonisieren. Der Einklang wird sich
fortsetzen und alles Sein umspannen
wie meine Feder-Flügel voll sanfter Stärke.

Blicke zuversichtlich nach vorn und geh.
Geh die Schritte des Friedens
aus dem Wissen um Gott und Göttin.
Alles ist möglich, wenn du daran glaubst.
Deine Gedanken formen die Welt und euer Sein.
Denke in Liebe und sei frei.

Isis schenkt mir Orientierungs-Hilfen für mein Werden und Handeln:

Wirke Gutes.
Verbreite Zutrauen und Weiblichkeit.
Füge die Weiblichkeit zur Männlichkeit.
Sei frei von Normen.
Denke in Liebe und sei frei.
Und als Grundhaltung:
Sei bereit, das Unmögliche möglich zu machen.
Alles ist möglich, wenn du daran glaubst.

Nun will ich doch bei anderen Autoren schauen, um zu überprüfen, ob diese Sätze auch zu deren Bild der Isis passen.

Vera Zingsem betont in ihrer Kurzcharakteristik (Göttinnen großer Kulturen, Seite 576), dass Isis „die Große" und „die Uranfängliche" genannt wurde, weil sie ihren Erzeuger erschuf. Außerdem konnte sie aus dem toten, zerstückelten Osiris das Horuskind gebären! *Sei bereit, das Unmögliche möglich zu machen. Alles ist möglich, wenn du daran glaubst.* Mein Verstand kann nur staunen.

Weiter bezeichnet Zingsem Isis als „Göttin der Liebe" und „Göttin der Frauen". Auch diese Namen passen gut zu „meiner" Isis, die mich und uns Frauen ermutigt, Weiblichkeit zu leben, so wie sie von Göttinnen gemeint ist.

In anderen Quellen wird ebenfalls hervorgehoben, dass Isis mit ihren magischen Kräften das Unmögliche möglich machen konnte und eine der mächtigsten Göttinnen im ägyptischen Glauben war. Dies unterstreicht auch Ursula Kröll und nennt sie zusätzlich „Herrin der Liebe", der es Kraft ihres Herzens gelang, die

Verbindung zur unsterblichen Liebe herzustellen. (Das Geheimnis der Schwarzen Madonnen, Seite 89ff)

Der Name „Isis" bedeutet „Thron". Auf manchen bildlichen Darstellungen der Isis erkennt man auf ihrem Kopf einen stilisierten Thron, die Hieroglyphe ihres Namens. Die Verehrung dieser Göttin überdauerte Jahrtausende und verbreitete sich weit über die Grenzen Ägyptens hinaus. Sogar in Köln fand man bei Grabungen Reste eines Isis-Tempels. Ich wage den Gedankensprung zu den Schwarzen Madonnen: bekannt ist, dass viele von ihnen an alten Kultstätten stehen, die zum Teil auch der Isis geweiht waren. Vielleicht wurden die Schwarzen Madonnen auf einem Thron sitzend dargestellt, um die Erinnerung an Isis wach zu halten?
Isis, die Große. Auch sie fordert uns Frauen auf, Liebe und Freiheit zu leben und dem Männlichen eine starke, von Zutrauen geprägte Weiblichkeit an die Seite zu stellen.

Hekate.
„Seid wie Hekate", hieß es in der Lichen-Botschaft. Meist wird diese Göttin als Dreigestalt dargestellt: drei Frauen stehen mit den Rücken zueinander, tragen u.a. eine Feuerfackel, ein Gefäß, einen Schlüssel und einen Dolch. Auf der Suche nach Informationen über den Charakter der Hekate begegnet mir viel Widersprüchliches und so überlasse ich mich meiner eigenen Intuition, die mich zur Zahl Drei schickt. Die Drei ist für mich eine dynamische Zahl mit einer vorwärts gerichteten Energie, die sich auf Stabilität stützt. In ihr schwingt außerdem Zauberkraft und Magie. Wir finden sie in der Dialektik als These, Antithese und Synthese. Jedes für sich eine solide Eigenständigkeit und erst in der Kombination der Elemente zeigt sich die Entwicklung. Und wir finden die Drei in Märchen und Zaubersprüchen, wo sie zur Bekräftigung dient und geheimnisvollen Charakter hat. Nicht zuletzt begegnet sie uns in der Dreifaltigkeit aus Gottvater – Sohn – heiligem Geist. Hier strahlt sie eine Art Urenergie aus wie ein Weltengesetz. Vergessen wir aber bitte nicht, dass in diesem Gesetz kein Weibliches

erkennbar ist, was nach all meinen Erfahrungen nicht der ganzen Wahrheit entsprechen kann.

Für mich symbolisiert Hekate das dialektische Prinzip: aus These und Antithese entsteht die Synthese. Sie fügt Altes zusammen zu Neuem und behält mit ihrem Blick in drei Richtungen die Vielfalt der möglichen Entwicklungen im Auge. Starke Kräfte begleiten sie: Magie und Göttlichkeit. Sie öffnet Verschlossenes und trägt das Licht der Feuer-Fackel in die Dunkelheit. Und so passt sie nahtlos in den Rahmen der mir geschenkten Botschaften, die uns Frauen ermutigen, für Veränderung des menschlichen Irrwegs zu sorgen, die Menschheit in den Einklang zu führen; aus dem Bestehenden von Männlich und Weiblich eine Neues zu schaffen, das die Harmonie des Kosmos spiegelt.

Heilung.
Und in diesen Tagen der Erkenntnisse über Göttinnen und Gott, über Weiblichkeit und Herzens-Güte stelle ich fest, dass meine Haut nach vier langen Jahren nun auf dem Weg der Heilung ist. Kein Kratz-Zwang plagt mich mehr, die Wunden sind geschlossen und die Verhärtungen strukturieren sich wieder durch Poren, Linien und Farbe. Ich sage den Untersuchungs-Termin bei der Gynäkologin ab. Er ist nicht mehr nötig. Auf der körperlichen Ebene findet Heilung statt. Heilung aus der blauen Maria und der Schwarzen Madonna in mir.
Für die Gesundung auf der geistigen Ebene wurde ich zwei Tage nach der Orcival-Botschaft mit folgender Ergänzung beschenkt:

Geht in die Liebe, geht ins Detail.
Lasst euren Alltag frei sein von Gram, Kummer und Zerwürfnis.
Ihr werdet siegen im Namen der Liebe und alle Unfreiheit wird aufgelöst.
Seid ihr Frauen leuchtendes Beispiel, wie Frieden gelingt.

Horcht auf die Herzenssprache in euch. Sie klingt aus dem Kosmos, aus Göttin und Gott.
Vereint diese beiden in euch zu Einklang und Vertrauen.

Ihr werdet siegen, werdet wandeln die Welt zum Frieden, zum friedlichen Miteinander aus ihm und ihr.
Geht in eure Kraft und seid zuversichtlich. Jede an ihrer Position, mitten im Alltag.
Und lasst eure Göttinnen-gleiche Weiblichkeit fließen in die Welt, in die Welt der Männer.
Bereichert sie durch euer So-Sein in der Kraft der Göttin.
Strahlt eure Würde aus, eure Erhabenheit und euer Wissen um das, was ist im wahren, göttlichen Kern des Seins.
Seid ihr Lichtträgerinnen mit friedlichen Absichten, voll Herzkraft und Zuversicht.
Es wird gelingen.
Glaubet daran. Im Kleinen, step by step, in jedem Miteinander des Alltags.
Bringt ein euren weiblichen Frieden und verbindet euch mit aller Weiblichkeit des Kosmos.
So sei es.
Amen, ihr lieben Frauen, ihr Notre-Dames!

Eine Anleitung zur Umsetzung von Weiblichkeit im Alltag!
- Frei sein von Gram, Kummer und Zerwürfnis
- auf die Herzenssprache horchen
- in die weibliche Kraft gehen und zuversichtlich sein
- unsere Erhabenheit und Würde und unser Wissen ums göttliche Sein in die männliche Welt fließen lassen
- Lichtträgerin sein im alltäglichen Miteinander
- unseren weiblichen Frieden einbringen

Und als Basis: Göttin und Gott im Denken vereinen und uns mit aller Weiblichkeit des Kosmos verbinden.
Welch Herausforderung!

Doch sie kann gelingen.

Die Madonnen zeigen uns den weiblichen Weg.

Blicken wir zurück:

Die Lichener Madonna botschaftete:

- sei frei
- verteile Güte
- liebe, was das Zeug hält
- nimm dein Leben auf die weibliche Art in deine Hände
- sei aufrecht, wahrhaftig und voll Herzblut

In der Orcival-Botschaft hieß es:

- liebet, lachet, seid fröhlich und genießt die Tage
- lasst das Streiten ums Rechthaben
- vereinigt euch mit allen Göttinnen, die ihr kennt

Isis hat empfohlen:

- sei bereit, das Unmöglich möglich zu machen
- geh in deine Kraft und glaube an sie
- verbreite Zutrauen und Weiblichkeit im Göttinnen-Kleid
- fliege über alte Grenzen und Normen hinaus
- füge Weiblichkeit zur Männlichkeit hinzu
- denke in Liebe

Göttin.

Die Madonnen-Botschaften empfehlen uns, alte Normen zu verlassen. Bezüglich unseres Selbstverständnis als Frau bedeutet das für mich, dass wir unser altes Rollenverständnis überprüfen und korrigieren. Erhabenheit und Würde sind uns verloren gegangen. Sehr schnell sehen wir uns als Opfer und können kaum glauben, dass wir im Kern wie Göttinnen sind. Die Jahrtausende alte Männerdominanz hat uns klein werden lassen, wir haben es geschehen lassen. Ich denke, es ist an der Zeit, dass wir Frauen uns befreien, dass wir unsere ureigenste Weiblichkeit wiederentdecken und einfühlsam und furchtlos leben. Dazu gehört ganz dringend die Auferstehung der weiblichen göttlichen Kraft, die Göttin. Isis sagt es deutlich: *Geh die Schritte des Friedens aus dem Wissen um Gott und Göttin.* Göttin - auch sie gilt es wiederzuentdecken. Sie darf zurückkehren in unser Bewusstsein, darf uns in unserer Weiblichkeit neu ausrichten und stärken.

Vorsichtig beginne ich, meine Alltagsgewohnheiten diesbezüglich zu verändern. In meinen Gebeten ersetze ich „Gott" durch „Göttin". Was zunächst sehr fremd klingt, erfüllt mich nach einiger Zeit mit einem Glücks-Lächeln. Göttin. Das bin ich. Ich bin gemeint. Feuerbachs These, dass der Mensch einen Gott brauche, um ganz Mensch zu werden, könnte man/frau umformulieren: „Eine Frau braucht eine Göttin, um ganz Frau zu werden." In mir entsteht eine viel intensivere Beziehung der Nähe, wenn ich mich von einer Göttin geführt weiß statt von einem Gott. Eine Göttin für mich als Frau! Von ihr fühle ich mich auf einer tiefen Ebene verstanden, zu ihr habe ich eine Herzens-Beziehung, geboren aus kosmischem Sein.

Ich kann in mir spüren, was in der Orcival-Botschaft gesagt wurde:

> *Die Herrschaft des Alls ist in mir und allem Weiblichen.*
> *In euch Frauen ist ein Funken von mir aus der Ewigkeit des Alls, des Kosmos, der un-unendlichen Liebe, die alles, aber auch alles zusammenhält.*

Und so kann ich den nächsten Schritt gehen. Ein Gebet, eine Affirmation entsteht aus den Kerngedanken der Madonnen-Botschaften. Diesen Text füge ich ein in mein Morgenritual und stärke mich täglich damit.

Zusätzlich liegt das Ankh-Zeichen auf meinem Nachttisch und erinnert mich an Isis, diese große Göttin der Erhabenheit und Liebe, die das Unmögliche möglich macht. Vielleicht fließt ihre Kraft auch in mich.

Ganz harmonisch integriert sich jetzt die andere TochterMaus aus meinem Traum in mein Bewusstsein und ich verleugne meine eigene Heiligkeit nicht mehr. Die „Andere" in mir darf leben. Sie ist nicht der Ausdruck der weiblichen Leine zu Gott, wie zunächst angenommen, sondern sie verbindet mich mit der Göttin in mir. Sie macht mich erhaben und stark.

Nun ist auch meine Frage „Wie ist weiblich?" beantwortet. Nicht das zarte Verspielte meiner Kindertage, nicht das Burschikose, das gern mit dem Kopf durch die Wand geht, sind Merkmale von Weiblichkeit im ursprünglichen Sinn. Unsere Grundhaltung sei die einer Göttin: Königlichkeit, Erhabenheit und Würde sind die zentralen Qualitäten, die wir in uns wiederentdecken sollten. Zuversicht stärkt uns, Liebe geleitet uns und unsere Herzens-Weisheit sei unsere Ratgeberin.

Weiblich ist:
Innen stark und erhaben wie die Schwarze Madonna,
außen einfühlsam und zielstrebig wie die blaue Maria.

Jerusalem auf ewig

Und wie es so ist im „richtigen" Leben, war diese Antwort nur eine vorläufige. In mir bewegte sich etwas weiter, das noch keine Richtung fand, bis mir auffiel, dass es in all den Botschaften einen Satz gibt, den ich nicht verstehe. Und so frage ich meine Himmlischen Berater nach der Bedeutung der Aussage: „Jerusalem auf ewig." Sie antworten, ich solle bereit sein über diesen Sinn zu forschen, er sei die Fortsetzung meiner „Blauen" und eine längere Geschichte. Mit Freude und Neugier solle ich mich auf diesen Weg machen. Dieser Aufforderung folge ich nur zu gern.

Jerusalem?
Was soll ich anfangen mit dieser Stadt in Israel voll Leid und Kampf? Doch schnell lenkt mich mein bibelfester Mann in eine andere Richtung: das Neue Jerusalem aus der Apokalypse sei gemeint! Dort wird ein Jerusalem prophezeit, das aus dem Himmel komme und von Gott sei:
„Das neue Jerusalem
Und ich sah einen neuen Himmel und eine neue Erde; denn der erste Himmel und die erste Erde verging, und das Meer ist nicht mehr. Und ich, Johannes, sah die heilige Stadt, das neue Jerusalem, von Gott aus dem Himmel herabfahren, bereitet als eine geschmückte Braut ihrem Mann.
Und ich hörte eine große Stimme von dem Stuhl, die sprach: Siehe da, die Hütte Gottes bei den Menschen! und er wird bei ihnen wohnen, und sie werden sein Volk sein, und er selbst, Gott mit ihnen, wird ihr Gott sein; und Gott wird abwischen alle Tränen von ihren Augen, und der Tod wird nicht mehr sein, noch Leid noch Geschrei noch Schmerz wird mehr sein; denn das Erste ist vergangen." (Luther 1912; Offenbarung - Kapitel 21)

In diesem Jerusalem sei alles Lichtvolle vereinigt und auch die Menschen, die dort hineinkommen, seien ohne „Gräuel" und „Lüge". Die Gräuel, die in der Offenbarung beschrieben werden, kann ich kaum lesen – so gruselig sind deren Bilder. Ist dieses

Szenario eine Metapher oder spiegelt es nicht vielmehr den derzeitigen Zustand der Welt? Brauchen wir nicht wirklich eine neue Welt, in der Frieden und Liebe beheimatet sind zum Wohle aller und eine Menschheit, die sich zurückerinnert an den göttlichen Kern in jedem von uns, und die in der Lage ist, Selbstachtung, Selbstliebe und Toleranz gegenüber allem Andersartigen leben zu können?

Dein Wille geschehe

Ich erinnere mich an das wunderschöne Buch von Pia Gyger: „Maria ... Visionen einer neuen Schöpfung", in dem die Autorin Parameter findet für einen „neuen Menschen", der das in ihm angelegte Potenzial zur vollen Entfaltung bringt. Könnte dieser Ansatz Inspirationsquelle sein und hinführen zum Neuen Jerusalem mit seinen neuen Bewohnern?

Wer war Pia Gyger?

Im November 1940 in Schaffhausen geboren, trat sie trotz ursprünglich anderer Lebenspläne 1969 als Ordensfrau ins St. Katharinen-Werk, einer katholischen Frauengemeinschaft in Basel, ein und folgte damit dem Ruf ihrer Seele. Von 1982 bis 1994 übernahm sie die Leitung dieser Gemeinschaft und prägte sie durch neue Ideen und Konzepte, die nicht zuletzt auf die Weltanschauung von Pierre Teilhard de Chardin zurückzuführen waren.

Von 1972 bis 76 studierte Pia Gyger Heilpädagogik und Psychologie in Zürich und in den Jahren 1976 bis 1999 ließ sie sich zur Zen-Meisterin ausbilden. Interreligiöser Dialog, Ökumene, Friedens- und Versöhnungsarbeit waren ihr ein seelisches Anliegen auf dem Weg zu einer geeinten Menschheit, die sie als Ideal anstrebte. Eine der großen Herausforderungen ihres Lebens stellte die Liebes-Beziehung zu dem ebenfalls zölibatär lebenden Jesuiten-Paters Niklaus Brantschen dar. Mit ihm zusammen gründete sie das Lassalle-Institut, eine jesuitische Bildungseinrichtung, deren Arbeit ab 2003 in die Kontemplationsschule Via Integralis mündete, in der die Ideen von Lassalle mit den Grundzügen von Zen kombiniert wurden.

Am 14. Juli 2014 starb Pia Gyger in Basel.

Mit „Freude und Neugier" beginne ich erneut die Lektüre ihres Buches „Maria – Visionen einer neuen Schöpfung".

Gleich zu Beginn sehe ich mich konfrontiert mit einem meiner „schwierigen" Begriffe: Hingabe. Pia Gyger greift die Verkündigungsszene auf und untersucht Marias Haltung dem Göttlichen gegenüber, als der Erzengel Gabriel ihr erklärt, welches der Auftrag Gottes an sie sei. Maria sagt:

„Siehe, ich bin des Herrn Magd; mir geschehe, wie du gesagt hast." (Lukas 1,26-38)

Hier begegnet uns ein Begriff, der weitreichende Folgen für die Persönlichkeitsentwicklung der Frauen einleitete: Magd. Was ist eine Magd? Meine erste Assoziation ist: eine rechtlose Arbeiterin in der Landwirtschaft, die am Existenzminimum herumkrepselt und quasi mundtot ertragen muss, was ihr Herr von ihr verlangt. Welch Frauenbild! Jahrhundertelang wurde es zum Leitbild für Weiblichkeit. Maria soll so gewesen sein? Ich kann mir nicht vorstellen, dass Gott eine unmündige Frau als Gebärerin des Christus auserwählte.

Mein etymologisches Duden-Wörterbuch sagt mir, Magd sei „Mädchen, Jungfrau"; ein „dienendes oder unfreies Mädchen", eine „Dienerin". Weiter blättere ich im Herkunftswörterbuch.

„Jungfrau": junge Herrin, Edelfräulein, unverheiratete Adelige, unberührte Frau.

Das klingt schon etwas besser.

„Dienen": dienstwillig sein, eine dienende Gesinnung haben und Demut. Dienen leitet sich ab aus diomuoti, was sich zerlegen lässt in dio – Gefolgsmann und muoti – nach etwas trachten, heftig verlangen, erregt sein.

Nun entsteht in mir das Bild einer Maria, die Würde ausstrahlt und ein Verlangen hat, eine Gottes-Gefolgschaft zu übernehmen. In Demut. Sicherlich nicht in einer klein-machenden demütigen Haltung, sondern in strahlender Größe. Wenn wir die

Kunstgemälde der großen Meister zu dieser Szene betrachten, finden wir nur selten eine unterwürfige Frau ohne erkennbares Selbstbewusstsein. Maria wird edel dargestellt, aufrecht, mit innerer Sanftheit.

Diese Maria sagt JA. Aus meiner Sicht nicht aus blindem Gehorsam, sondern aus einem Verständnis heraus, dass das Leben „Annehmen" bedeutet. Wenn wir annehmen, was kommt, fügen wir uns ein in den Lebensfluss, in das, was geschehen soll. Ein Spruch aus einem Zen-Kalender sagt: „Wenn du begreifst, sind die Dinge so, wie sie sind. Wenn du nicht begreifst, sind die Dinge so, wie sie sind." Unabhängig von unserem Umgang mit dem, was uns im Leben begegnet, findet „Realität" statt. Wir können sie verurteilen oder bekämpfen, aber es wird sie nicht wirklich ändern, sondern nur uns selbst beeinträchtigen und unfriedlich stimmen.

Ich vergleiche das Einfügen in den Lebensfluss gern mit dem Autofahren. Niemals kommen wir auf die Idee Gas zu geben, wenn der Wagen vor uns bremst. Wir fahren nicht auf die linke Spur, wenn sie voller Autos ist. Ganz selbstverständlich fügen wir uns in den Verkehrsfluss ein. Zu unserem Wohle! Genauso sollten wir mit dem umgehen, was uns das Leben beschert. Wir können erspüren, welche Entscheidungen zu unserem Wohl sind und umkehren, wenn Hindernisse uns das Zeichen setzen, dass dieser Weg nicht gut für uns ist. Befinden wir uns im Lebensfluss, ordnen sich die Begleitumstände wie von selbst. Lösungen wie Wunder haben plötzlich Raum in unserem Leben und wir können nur staunen, wie sich die Dinge entwickeln. Unser Verstand kann es nicht begreifen, doch unser Herz weiß, dass dieses scheinbar zufällige Zusammenspiel der Ereignisse Einklang bedeutet. Einklang mit dem, was vorgesehen ist, von wem auch immer: vom Leben, von Gott oder Göttin, von Vereinbarungen, die vor unserem irdischen Dasein getroffen wurden. Die Erklärungsmodelle sind vielfältig und sollen hier nicht diskutiert werden.

Vermutlich wusste Maria um diese Lebenshaltung, die uns in die Richtung führt, die zu unserem Wohle ist. Sie wusste um das heilbringende Lebens-JA. Ihre Antwort kann gelesen werden als: „Ja, ich stelle mich für Gottes Anliegen zur Verfügung. Ich nehme das Leben an, das Gott mir anvertraut." Das eigene Leben und die Lebensfrucht in ihr!

Und damit wird sie zu einer starken Persönlichkeit, zu einer Frau voll Würde, Einsicht und Lebensweisheit. Diese Frau hat die Kraft, das ihr bevorstehende Schicksal zu tragen. Ihr kann Gott vertrauen, er kann sie auserwählen.

Könnte diese Gottergebenheit in weiser Stärke ein Wesensmerkmal des „neuen Menschen" im Neuen Jerusalem sein?

Gottergebenheit, auch wenn uns SEIN Anliegen grenzenlos herausfordert:

Markus 14,36 „…und (Jesus) sprach: Abba, Vater, alles ist dir möglich; nimm diesen Kelch von mir; doch nicht, was ich will, sondern was du willst!"

Auch Maria fragt den Engel Gabriel: „Wie soll das zugehen, da ich doch von keinem Manne weiß?" (Lukas 1, 34), bevor sie einwilligt. Doch beide tragen das Aufgetragene. Beide leben das Lebens-JA. Sie können uns Beispiel sein. Manchmal sträuben auch wir uns vor diesem Lebensweg, diesem Kelch, der nicht in unserem kleinen Sinne ist, oder wir fragen ungläubig (ohne Glauben!) nach. In der Bibel fügen sich sowohl Jesus als auch Maria in Gottes Willen, in das, was im großen Gefüge notwendig ist. Dieses Gefüge ist für unsere Wahrnehmung verborgen, diesen Rahmen können wir nicht überblicken. Hier ist unser Glaube und unser Vertrauen aus tiefstem Herzen vonnöten, um uns einzufügen in das Lebens-JA.

Pia Gyger lässt in ihrem Buch den „Widersacher" sagen: „Nein, ich will nicht dienen." Das ist die Kehrseite. Das Lebens-NEIN. Auch so können wir leben und ich persönlich tue es oft genug. Immer wieder ertappe ich mich dabei, dass schnell ein Nein in meinem Kopf klingt. In vielen Selbsterfahrungssituationen begegnete mir mein „Ich-will-nicht" und es hatte eigentlich gar keinen Grund. Aber es machte und macht mich unzufrieden. Oftmals quälend unzufrieden. Das JA dagegen, wenn es mir denn gelingt, erfüllt mich mit Weite und Licht. Es hat nicht wie befürchtet ein

Duckmäusertum zur Folge oder die Selbstverleugnung, denn es bleibt immer Spielraum für das Einbringen eigener Ideen.

Nimm an, was ist, und mach das Beste draus.

Das führt zum inneren Frieden. Das harmonisiert. In diese Richtung könnte sich das menschliche Potenzial ent-wickeln mit Maria als leuchtendem Beispiel, als Urbild des Menschen der neuen Zeit. Besonders als Modell für uns Frauen, aber auch den weiblichen Anteil im Mann betreffend.

Wir können üben, einfügsam zu sein, indem wir auf unser „Ja-aber" achten. In vielen kleinen Alltagssituationen regt sich Widerspruch in uns und wir denken oder sagen: „Ja, aber..." Diese Reaktionen sollten wir genauer unter die Lupe nehmen und uns fragen: Können wir uns aus egoistischen Gründen nicht fügen? Widerstreben wir dem Lebensfluss? Unter Umständen gibt es hier eine Schaltstelle, die uns, wenn wir die Weichen auf Frieden stellen, frei und licht machen kann. Es lohnt sich die „Ja-aber-Situationen" zu untersuchen, wenn wir die Zielsetzung verfolgen, friedlicher durch unser persönliches Leben gehen zu wollen.

Das nächste Thema, das sich mir bei der Lektüre von Gygers Buch anbietet, ist die Auferstehung Christi. Lange Lebensjahre blieb mir der Sinn hinter diesem Ereignis verborgen. Nun beginne ich zu ahnen, wofür es ein Bild sein könnte. Pia Gyger beschreibt es so: „...dass es nicht darum geht, die Körperlichkeit in die Ewigkeit hinüberzuretten. Mit Auferstehung ist eine völlig neue Dimension des Seins gemeint. Eine neue Schöpfung." (S. 64) Wieder klingt der „neue Mensch" an.

Ich denke es mir so: Jesus ist als Christus auferstanden und hat sich als Christus-Bewusstsein im Menschen verankert. Er wohnt in uns als menschliches Potenzial, als Evolutions-Möglichkeit auf dem Weg zur Wiedervereinigung mit dem Göttlichen. Das Christus-Bewusstsein ist nicht an die christliche Religion gebunden, sondern beinhaltet allgemein Nächstenliebe und Achtsamkeit, Frieden und Respekt. Wir können es auferstehen lassen, uns zurückerinnern. Die Auferstehung kann der Anfang unserer Entwicklung hin zum prophezeiten Jerusalem-Menschen sein.

„Und wäre Christus tausendmal in Bethlehem geboren, und nicht in dir: Du bliebest doch in alle Ewigkeit verloren". (Angelus Silesius) Dieses „geboren" kann bruchlos ersetzt werden durch „auferstanden". Wenn das Christus-Bewusstsein nicht in uns aufersteht, wenn wir sein Licht nicht in uns wiederfinden und es in unsere heutige Zeit, in unser persönliches Leben einbringen, verfehlen wir den Sinn unseres Hierseins. So gesehen ist Maria ein Mensch, in dem der Christus schon auferstanden war, bevor er aus ihr geboren wurde! Die göttliche Flamme muss schon in ihr geleuchtet haben. Hätte sie sonst auserwählt sein können?

Und es ist nicht „nur" die Nächstenliebe, die in uns auf Auferstehung wartet. Es ist die Feindesliebe. Jesus sah keine Fremden, keine Feinde, keine Übeltäter. Er urteilte nicht. Er wusste um den göttlichen Kern in jedem Menschen und um dessentwillen liebte er. Er wusste, wenn wir den anderen ablehnen, lehnen wir das Göttliche ab. Und er handelte dementsprechend.

Welch Herausforderung für unsere heutige Menschheit! Kriege ums Rechthaben, verweigerte Hilfeleistung aus egoistischen Gründen oder aus Angst, Ungerechtigkeiten aus Machtstreben und Besserwisserei. Die Liste ist länger als hier aufgeführt. Wir wissen es alle. Wir reden auch alle: über Frieden und Gleichberechtigung, über Würde und Menschenrechte. Bis der Nachbar uns „dumm kommt". Bis der Partner, die Partnerin nicht in unserem Sinne (re)agiert. Und dann streiten wir. Streit ist der kleinste Teil vom Krieg. Ist das Rechthaben-Wollen. Vor Jahren entwickelten wir eine „Streitkultur". Man stelle sich die Zielrichtung vor! Wir kultivieren das Streiten, den Unfrieden! Zum Glück gibt es auch Gewaltfreie Kommunikation. Da leuchtet das Christus-Licht.

Alltags-Ich und Christus-Bewusstsein

Mehr noch scheint es auf, wenn uns Eckart Tolle, ein spiritueller Lehrer, in einem Vortrag erklärt, dass wir auf zwei Bewusstseinsebenen leben können. Das, was uns vordergründig bewusst ist, sind die Alltäglichkeiten: Beruf, Familie, Lebensraum. Tolle nennt es das gegenständliche Bewusstsein oder auch das oberflächliche Ich. Hier sind wir identifiziert mit unseren Gedanken über die Welt, mit unseren Meinungen und Urteilen. Auf dieser Ebene streiten wir, weil die andere Meinung uns persönlich infrage stellt. Wir müssen UNS verteidigen, obwohl es eigentlich um eine Sache oder eine Ansicht geht. Der Schritt hinaus aus unseren persönlichen Interessen gelingt nicht.

Wir könnten ja auch ein anderes Interesse verfolgen und uns fragen: Was dient dem Frieden in diesem Konflikt? Das Gemeinwohl vorzuziehen bedeutet, Gegensätze so aufzulösen, dass für beide Seiten Positives entsteht. Es gäbe dann keinen Streit, sondern nur die bestmögliche Lösung. Im Kleinen wie im Großen. Hier reden und handeln wir auf der tieferen Bewusstseinsebene, die die individuelle Ebene des GEGENeinanders verlässt und und sich einordnet in den großen Fluss der Evolution hin zum friedlichen MITeinander, hin zum Himmlischen Jerusalem.

Auch Eckart Tolle findet die Verbindung zur Bibel, zu Jesu Wort. Er beleuchtet die Stelle, die in der Luther-Übersetzung von 1912 im Matthäus-Evangelium 16 Vers 23/24 heißt: „Hebe dich, Satan, von mir, denn du bist mir ärgerlich.", als Petrus Jesus überreden will, das Los der Kreuzigung nicht anzunehmen. Und Jesus fährt fort: „denn du meinst nicht, was göttlich ist, sondern was menschlich ist." Damit benennt er die beiden beschriebenen Ebenen unseres Bewusstseins. Auf der Alltagsebene ist die Kreuzigung ein persönliches Drama. Aus göttlicher Sicht geschieht Notwendiges, damit die Auferstehung stattfinden kann, dieses Zeichen für die Menschheit, das über unser gewohntes Denken hinausweist, das uns in den Weg der Evolution hin zu geistigen, göttlich orientierten Wesen hineinschickt.

Und weiter erklärt Jesus seinen Jüngern: „Will mir jemand nachfolgen, der verleugne sich selbst und nehme sein Kreuz auf sich und folge mir." Mit diesem „selbst" ist zweifelsohne das oberflächliche Ich gemeint. Jesus empfiehlt uns, die persönlichen Interessen aufzugeben. Stattdessen erfordert das Christus-Sein, dass wir unser Kreuz auf uns nehmen, d.h. unser Leben annehmen, so wie es kommt, auch wenn es leidvoll ist. Wieder klingt die Hingabe an, die wir schon im Abschnitt über die Verkündigung erörterten. Jesu Nachfolge heißt, sich in den gottgewollten Fluss des Lebens zu geben. Das Lebens-JA zu verinnerlichen und zu praktizieren. Es ist nichts Fremdes, das wir uns mühsam quasi von außen aneignen müssten. Wir können es in uns wiederentdecken, es erneut auferstehen lassen, denn der göttliche Keim wohnt in uns. Es ist die Bewusstseinsebene, die wir schauen können in den Augen eines Tieres und, wenn wir uns trauen, auch in den Augen eines Mitmenschen. Wir werden weit und ruhig, wir werden wesentlich bei diesem Blick. Wesentlich, weil wir unser Wesen erkennen. Das sind wir. Das sind wir eigentlich. Um dieses Sein geht es auf dem Weg zum Neuen Jerusalem.

Frieden leben

Weitere christliche Hinweise für rechtes Handeln und rechtes Sein finden wir in der Bergpredigt Jesu. Meinen Ausführungen liegt die Luther-Bibel in der Übersetzung von 1984 zugrunde, Matthäus-Evangelium Kapitel 5, 6 und 7.

Im Vordergrund steht das Thema „Frieden leben".
In den Seligpreisungen werden wir aufgefordert, friedfertig, barmherzig und gerechtigkeitsliebend zu sein.
Um Streit im Vorfeld zu vermeiden, rät man uns, die eigenen Verhaltensweisen in Ordnung zu bringen, d.h. den „Balken im eigenen Auge" zu beseitigen. Wenn wir alles erfüllen, was man uns anträgt und wir dem Rat folgen „Gib dem, der dich bittet", scheint wieder das Lebens-JA auf, das wir schon in der Verkündigungs-Szene und bei Jesu Auferstehung reflektierten! Aus dieser Haltung heraus leisten wir keinen Widerstand, so wie es uns in der Bergpredigt empfohlen wird. Wir verwirklichen Frieden, wenn wir niemanden beleidigen, niemanden verurteilen oder richten, sondern jeden so annehmen, wie er ist. Und wenn Streit und

Unrecht schon passiert sind, sollen wir zum Frieden zurückkehren, indem wir uns versöhnen, uns vertragen und Vergebung leben.

Am Schluss von Kapitel 5 werden wir aufgefordert, so vollkommen wie unser Vater im Himmel zu sein und die „Sonne" aufgehen zu lassen über „Böse und Gute", das heißt, Freund und Feind gleich zu behandeln: Liebet eure Feinde wie euch selbst!

Wie muss der Mensch im Inneren ausgerichtet sein, damit er diese Friedfertigkeit leben kann?

Hierzu empfiehlt die Bergpredigt Sanftmütigkeit und ein reines Herz. Beides Qualitäten, bei denen mir sofort Maria einfällt. Die Blaue in mir. Aber genau wie bei der Begegnung mit der Schwarzen Madonna paart sich der Sanftmut auch hier mit selbstbewusster Stärke, denn wir werden aufgefordert, unser Licht nicht unter den Scheffel zu stellen, sondern es für andere leuchten zu lassen. Wir sollen fest verankert sein im Glauben, sollen unser Haus auf Fels gründen, und dem Leben Würze geben, das Salz der Erde sein, und nicht alles flau an uns vorbeiziehen lassen. Man soll sich auf uns verlassen können: eure Rede sei ja, ja – nein, nein (die Verdopplung gilt im Aramäischen als Bekräftigung) und wir sollen uns nicht vom rechten Handeln abbringen lassen.

Innen fest und außen flexibel – das ist die Quintessenz. Stärke, geboren aus Mitgefühl, aus dem Sinn fürs Miteinander und nicht als Kampfmittel, um eigene Interessen durchzusetzen.

Im Einklang mit dem Lebens-JA, mit dem „Dein Wille geschehe" können wir Gott vertrauen und ihm treu sein.

Meine Forschungs-Reise zu der in Le Puy en Velay empfangenen Botschaft: „Jerusalem auf ewig" führt mich als nächstes zu Sri Aurobindo und Mirra Alfassa, genannt Sweet Mother, zwei Avataren mit gemeinsamer Aufgabe für die Menschheit.

Schöpfung, Evolution und Vergöttlichung

Wer war Sri Aurobindo? Meiner Kurzbiografie liegen ein Artikel des Vereins Yoga Vidya e.V. und ein Text des Sri Aurobindo Center Berlin zugrunde.

Aurobindo Ghose wurde am 15. August 1872 in Kalkutta geboren. Mit sieben Jahren kam er nach England, wo er insgesamt 14 Jahre lernte und in Cambridge studierte. 1893 kehrte Aurobindo Ghose nach Indien zurück und befasste sich intensiv mit den großen Traditionen seines Landes, bevor er sich für die indische Unabhängigkeit einsetzte. Sein politisches Engagement führte dazu, dass er 1908 für ein Jahr verhaftet wurde. Im Gefängnis hatte er nach eigenen Angaben eine Reihe von spirituellen Erlebnissen, die ihn einen Bewusstseinszustand jenseits des Nirvana erfahren ließen.

Auf der Flucht vor den Engländern ließ Sri Aurobindo sich schließlich im April 1910 in Pondicherry nieder. Zu diesem Zeitpunkt gelangte er zu der Überzeugung, dass es über den Kampf für die Unabhängigkeit Indiens hinaus einen Kampf für die Zukunft der Menschheit gibt.

In den 20er Jahren gründete er zusammen mit Mirra Alfassa einen Ashram, der nach eigenen Aussagen ein „Evolutionslabor" sein sollte. Im Laufe der kommenden Jahre entwickelte er einen neuen spirituellen Weg, den „Integralen Yoga".

1926 zog sich Sri Aurobindo von der Welt zurück, um sich ganz seiner geistigen Aufgabe zu widmen. Er starb 1950 mit 78 Jahren in seinem Ashram in Pondicherry.

Weniger bekannt ist heute Mirra Alfassa, obwohl sie das Werk Sri Aurobindos vervollkommnete. Die Kurzbiografie stützt sich auf einen Text der Internetseite von Auroville.

Mirra Alfassa wurde 1878 als zweites Kind einer ägyptischen Mutter und eines türkischen Vaters in Paris geboren. Sie war ein außerordentlich begabtes Kind in den Bereichen Musik und Malerei und hatte von frühester Kindheit an viele innere Erfahrungen. In ihren Zwanzigern studierte sie in Algerien

Okkultismus bei Max Theon und seiner englischen Frau Alma, die ein hoch entwickeltes Medium war.

1914 reiste sie zusammen mit ihrem Ehemann nach Pondicherry, um Sri Aurobindo zu treffen. Sie erkannte in ihm sofort den Meister, den sie in früheren Visionen getroffen hatte, und wusste, dass ihre zukünftige Arbeit an seiner Seite war. Nach Ausbruch des Ersten Weltkriegs musste sie Indien verlassen, kehrte aber im April 1920 endgültig nach Pondicherry zurück. Ihr oblag die organisatorische Leitung des Ashrams und die Verbreitung von Sri Aurobindos Erkenntnissen in Form von Lehrreden. Sri Aurobindos Vision einer friedlichen Art des kollektiven Zusammenlebens verwirklichte sie 1968 mit der Gründung von Auroville, einer Stadt der Zukunft.

Mirra Alfassa starb 1973 mit 95 Jahren in Pondicherry.

Schöpfung.

Viele Mythen ranken sich um die Entstehung der Welt, die alle mehr oder weniger auf der Erzähl-Ebene bleiben und eher blumige Geschichten sind. Ausgehend von der Schöpfungsgeschichte im Johannes-Evangelium vergleiche ich im Folgenden die biblischen Aussagen über die Entstehung der Welt mit der Darstellung des Schöpfungsgeschehens durch Sri Aurobindo und Sweet Mother.

„Im Anfang war das Wort", dieser Satz aus dem Johannes-Evangelium (Joh 1,1) scheint uns so geläufig, dass wir kaum noch darüber nachdenken, ob wir seinen Sinn auch wirklich verstehen. Was ist denn hier mit „Wort" gemeint?

Im griechischen Original ist die Rede vom „logos". Eine alte Wissensschublade in meiner Erinnerung öffnet sich: bios logos > Lebens Lehre. Diese Erklärung trichterte der Biologie-Lehrer mir ein. Logos – die Lehre.

Doch der Begriff hat noch weitere Varianten: Sprache, Rede, Spruch, Kunde, Argument, Gedanke, Vernunft.

In seinem Werk „Faust I" ringt Johann Wolfgang von Goethe um eine adäquate Übersetzung des „logos".

> Geschrieben steht: „Im Anfang war das Wort!"
> Hier stock' ich schon! Wer hilft mir weiter fort?
> Ich kann das Wort so hoch unmöglich schätzen,
> Ich muss es anders übersetzen

Er wählt zunächst den „Sinn" als passenden Begriff, kann sich damit aber nicht zufriedengeben und wechselt zu „Kraft".

> Ist es der Sinn, der alles wirkt und schafft?
> Es sollte stehn: Im Anfang war die Kraft!

Wieder zweifelt er.

> Mir hilft der Geist! Auf einmal seh' ich Rat
> Und schreibe getrost: Im Anfang war die Tat!

Goethes Ringen um die Übersetzung des Begriffs „logos" spiegelt, dass ein Sinn-Zusammenhang im Johannes-Evangelium angesprochen wird. Es gibt keine eindeutige Definition, eher ein Wissens-Feld, und Goethes Wortwahl „Sinn", „Kraft" und „Tat" trifft sich mit dem, was Sri Aurobindo in seinem Visionstext „Savitri" folgendermaßen beschreibt:

> In Gottes höchstem Innesein,
> in seiner zeitlosen Ruhe
> trafen sich ein schauendes Selbst
> und eine krafterfüllte Energie.

Ein schauendes Selbst – Sinn. Eine krafterfüllt Energie – Kraft und Tat. Wir erkennen sowohl bei Goethe als auch bei Sri Aurobindo, dass hier „Im Anfang" in der göttlichen Einheit eine Veränderung einsetzt, Bewegung in die „zeitlose Ruhe" kommt. Eine Energie tritt hervor, die einen dualen Zustand entstehen lässt.

Das göttliche Einssein findet zwei Aspekte in sich; einen, der sich selbst schaut und einen, der von Tatkraft erfüllt ist. Schauen und Tun. Sinn und Tat.

In der indischen Tradition wird dieser Tatkraft-Aspekt, diese Dynamik innerhalb des Göttlichen als „Große Mutter" bezeichnet. Sie ist die schöpferische Bewusstseinskraft, genauer gesagt, die Kraft, die „alles, was ist", sichtbar macht, es offenbar werden lässt aus dem Absoluten heraus, das „alles" als Potenzialität enthält. Im christlichen Sprachgebrauch könnte man sagen: Sie ist das Wort. Ein Wort wird gesprochen mit einer Richtung und einem Ziel. Die Große Mutter, das Wort, ist der Aspekt, der aus der zeitlosen Ruhe heraustritt und das Göttliche veräußert mit dem Ziel der Selbsterkenntnis.

> *„Ich bin die Herrscherin der Welt.*
> *Das Weibliche ist Gott in Vollendung.*
> *Alles ist Gott, doch Göttin ist das Höchste,*
> *aus dem alles ist, was ist."*

So wurde mir in Orcival gebotschaftet. Die Herrscherin der Welt, die Große Mutter, sorgt mit ihren Manifestationen für die Erkenntnis dessen, was ist. Sie löst das paradiesische Einssein vorübergehend auf, überlässt die einzelnen göttlichen Facetten der menschlichen Trennungserfahrung, um sie über dieses Bewusstwerden wieder ins Göttliche zu integrieren. Zu seiner Vollendung.

Eine als „weiblich" bezeichnete Gottheit begegnet uns hier, die voller Dynamik das Geschehen lenkt. Für westliche Ohren klingt das zumindest ungewöhnlich, wenn nicht sogar für manche unglaubwürdig bis ketzerisch. Und doch geschieht hier auf höchster Ebene ein Urprinzip: das Weibliche gebiert.
Wir müssen umdenken. Warum sollte dieses „irdische" Prinzip nicht auch im Absoluten, im Göttlichen gelten? Das schauende Selbst, das Männliche, bleibt in der Ruhe, während die krafterfüllte Energie, das Weibliche innerhalb des Göttlichen, das Geschaute manifestiert. Das Weibliche ist Gebärerin.
Wie zur Verdeutlichung dieser Zuordnung verkörpern die beiden Avatare diese Aspekte:

Sri Aurobindo übernimmt die Aufgabe des schauenden Selbsts und Sweet Mother setzt die Erkenntnisse in Handlung um: Sie gibt Darshan, hält Lehr-Reden und gründet die Stadt Auroville.

Im allmächtigen Absoluten sind also die beiden Elemente „ruhende Selbstbewusstheit" und „dynamische Offenbarungskraft" enthalten. Der männliche Aspekt des Göttlichen und der weibliche.

Nun verstehe ich auch die Orcival-Botschaft neu:
Alles ist Gott, doch Göttin ist das Höchste, aus dem alles ist, was ist

Der höchste weibliche Aspekt des Göttlichen erschafft alles, was ist, und steht gleichberechtigt neben dem männlichen Aspekt.

Bei Sri Aurobindo sind dies zwei Energien, deren Geschlecht nicht festgelegt ist. Das Absolute ist geschlechtslos. Jedoch werden die unterscheidbaren Aspekte der Allmacht zum besseren Verständnis oft als männlich bzw weiblich bezeichnet. Wir müssen uns immer vergegenwärtigen, dass Visionen und Geschautes aus einer Sphäre stammen, die mit Worten nur unzureichend beschrieben werden kann. Jeder Mystiker findet nur mühsam vergleichende Sprachbilder zum Transferieren dessen, was er erfuhr. Wir tun gut daran, mit offenem Geist „hinter" die Worte zu spüren und die Botschaft mit dem Herzen statt mit dem Verstand wahrzunehmen.

In Orcival wurde mir gesagt:

> *Bekümmere dich nicht ob des Irrwegs der Menschheit.*
> *Es ist ein schmerzvoller Prozess und Weg, der sein muss*
> *zum Werden. Zum Bewusstwerden der Einheit von*
> *männlich und weiblich, von yin und yang, von außen und*
> *innen. Jedes in seinem Sein, doch gemeinsam im*
> *Einklang aus zwei Tönen, die harmonieren in der*
> *Ewigkeit, aber noch nicht in der Welt.*
> *Ihr Frauen werdet finden den Schlüssel zu allem, was ist*

in diesem Einklang voll Frieden und unendlichem Wissen
der Herzens-Weisheit.

Das bedeutet: Das Ziel ist nicht ein Machtwechsel von männlich zu weiblich. Das Ziel ist der Einklang dieser beiden Aspekte des Seins. So dürfen wir auch nicht überbewerten, wenn im Hinduismus ein weiblicher Anteil des Absoluten erscheint. Dieses Weibliche ist nichts, was wir Frauen uns rechthaberisch auf die Fahnen schreiben dürfen. Bei allem Verständnis für unsere Verzweiflung über all die Formen der Unterdrückung durch männliche Machtausübung im Patriarchat, müssen wir die Harmonie zwischen den männlichen und den weiblichen Anteilen in uns anstreben. Nur sie verwirklicht das Prinzip der Liebe, nur durch den Einklang gelangen wir näher zum Göttlichen, Männer wie Frauen.

Mirra Alfassa, Sweet Mother, wurde von Sri Aurobindo als die Verkörperung der Göttlichen Mutter erkannt. Ausgestattet mit profunden okkulten Kenntnissen, die nichts mit „Zauberei" zu tun haben, sondern aus einer der tiefsten Erkenntnisebenen stammen, berichtet Sweet Mother von einem wahren Schöpfungsgeschehen, das sie geschaut hat. Wir lesen bei Van Vrekhem in seinem Buch „Über den Menschen hinaus" (S. 84) : „Als der Allerhöchste beschloss aus sich herauszutreten, um sich selbst zu schauen, formte er als erstes in sich Wissen und Macht zur Manifestation". Diese Macht, die manifestieren will, verkörpert sich in der Mutter. Sie ist „die krafterfüllte Energie" aus dem Savitri-Text. (s.o.)
Wir lesen weiter: „Der Allerhöchste beschloss, dass Seligkeit und Freiheit die Grundlage seiner Manifestation bilden sollten… und Mutter … führte seinen Beschluss umgehend aus."

Als erstes gebar die Göttliche Mutter vier „Wesen" als Grundpfeiler all dessen, was ist:

1. das Bewusstsein / Licht
2. das Leben
3. die Allseligkeit / Liebe
4. die Wahrheit

Van Vrekhem schreibt: „Sehr prächtige und mächtige Wesen waren es und da jedes in sich ein göttliches Attribut trug, kam es beinahe der Gottheit gleich."

Doch dann ereignete sich, was in vielen Schöpfungsmythen und Religionen als der Anfang unserer Existenz als von Gott getrennte Wesen bezeichnet wird. In der christlichen Tradition spricht man vom Sündenfall. Dieser Begriff wurde ursprünglich nicht als moralische Qualität verstanden, sondern man benutzte ihn in seinem etymologischen Wort-Sinn: „abgesondert", getrennt.Die vier Wesen wähnten sich selbst als Gott. „Durch das Trugbild, das in ihnen aufgetaucht war und wodurch jedes ... sich vorstellte, es wäre der höchste Herr, entstand ... der Wahn der Teilung. In ihrem Bewusstsein trennten sie sich voneinander und von ihrem Ursprung..." - Sie sagten „ich" und fielen damit aus der göttlichen Einheit heraus „...mit der Folge, dass sie das Gegenteil von dem wurden, was sie zuerst waren." (Van Vrekhem, S. 85) Das Licht wurde Finsternis und Unwissenheit, das Leben Tod, die Liebe wandelte sich in Leid und die Wahrheit in Falschheit. Die Welt der Untugenden, wie wir sie kennen, entstand.

Ich erinnere mich an meine Erlebnisse mit der Schwarzen Madonna in Rocamadour:

Eine tiefe Traurigkeit bemächtigt sich meiner und legt sich schwer auf mein Herz. Lange Zeit bleibt sie namenlos. Dann entsteht der Sinnzusammenhang: „die Wurzeln ... die Wiege der Menschheit ... die Trauer über die Entwicklung der Menschheit von ihrer Wiege an". Ich muss an meine Intuition zur Farbe Schwarz denken: „geboren aus der Wiege der Menschheit" hieß es da. Etwas ganz Ursprüngliches zieht zu mir herüber und dieses Verwurzelte trägt eine endlose Traurigkeit.

„Warum?" Diese Frage stellte sich Mirra Alfassa immer wieder. Welche Motivation, welcher Beweggrund führte zu diesem Übel? Wir finden weitere Bilder für dieses Ereignis: Im Judentum wird der Teufel als ein gefallener Erzengel angesehen, der alle (göttliche) Macht an sich reißen wollte und nicht bereit war, sich unterzuordnen bzw. Teil des Ganzen zu sein.

Das Thema „Wir wollen sein wie Gott" wurde auch von Goethe in seinem „Zauberlehrling" aufgegriffen. Immer gerät die Macht außer Kontrolle und geht „ungute" Wege. Immer ist Größenwahn im Spiel, der sich hochmütig über die göttliche Ordnung erhebt und sich selbst als Alleinherrscher sieht. Das liest sich wie eine Definition des Begriffs „Ego". Überheblichkeit ist heutzutage die weitgehend unbewusste Struktur unseres Umgangs mit Macht und mit wissenschaftlicher Erkenntnis bzw. deren Umsetzung. Hochmütig urteilen wir über Menschen, die „anders" sind und damit nicht die Norm erfüllen. Wir missachten die Harmonie der Natur und zerstören sie rücksichtslos. Wir zerdenken die Einheit in Puzzleteile, die keinen Zusammenhang mehr erkennen lassen, meinen aber im Besitz der absoluten Wahrheit zu sein. Mahnt uns jemand zum Innehalten oder gar zur Besinnung auf das Göttliche, fehlt uns jedes Verständnis. Die „Wesen" Liebe und Wahrheit sind verkommen zu Ausbeutung und Rechthaberei.

„Warum?" Welches ist die treibende Kraft hinter dieser zerstörerischen Entwicklung?

Mir scheint, dass uns ein unbewusstes Wissen innewohnt, welches sich sicher ist, dass wir nicht getrennt sind vom Göttlichen, dass wir Teil Gottes sind. Dieses Wissen lässt uns immer wieder, in jeder Inkarnation neu, auf die spirituelle Suche gehen. Vielleicht ist es verwandt mit dem kosmischen Offenbarungsdrang, mit der Göttlichen Mutter in uns?

Dieses unbewusste Wissen kann sich aber auch in eine andere Richtung wenden: Ich BIN Gott. Der Größenwahn der Gleichsetzung.

Das unbewusste Wissen von unserer eigenen Göttlichkeit ist die Wurzel

a) für unsere spirituelle Suche (Pluspol)

b) für den Größenwahn (Minuspol).

Folgen wir weiter der Schau von Mirra Alfassa:

Nachdem sich die vier Wesen in ihr Gegenteil verwandelt hatten, erkannte die Göttliche Mutter das Unheil und bat flehentlich darum, diese Entwicklung rückgängig zu machen. Es wurde ihr gewährt: in Form der Evolution.

Und so sind wir nun alle auf dem Weg, unsere Unvollkommenheit aufzulösen, heil zu werden und unsere göttlichen Anteile (wieder) auszudehnen. Die Absonderung vom Göttlichen können wir rückgängig machen, so dass aus der Finsternis wieder Licht wird und aus Tod wieder Leben; das Leid verwandelt sich zurück in Liebe und die Falschheit löst sich auf in Wahrheit.

Ein hohes Ziel schimmert am Horizont. Ein langer Weg führt dahin.

Im Folgenden schauen wir uns diesen Evolutionsweg, wie Sri Aurobindo ihn sieht, genauer an.

Evolution.

Ohne im Einzelnen in die Philosophie des Sri Aurobindo einsteigen zu können, der in seinen geschauten Dimensionen mein Denkvermögen in weiten Zügen übersteigt, seien hier einige Erkenntnisse aufgeführt, die uns behilflich sein können zu verstehen, wohin die Evolutions-Reise seiner Ansicht nach geht und welchen Weg sie nimmt - und wir mit ihr!

Das Absolute ist „sat, chit, ananda", das heißt es ist Sein, Bewusstsein und Glückseligkeit. Diese Qualitäten finden sich in jedem „Ding", das durch den Offenbarungsdrang, durch die Göttliche Mutter, manifestiert wird. Sein, Bewusstsein und Glückseligkeit finden sich also auch als Kern in uns.

Wir können dieses Stückchen Göttlichkeit in uns kontaktieren, wenn wir in unser Herz lauschen, wenn wir unsere Seele erspüren. Dort ist das Absolute zuhause und hält für uns ein tieferes Wissen bereit als unser denkendes Gehirn erreichen kann, als unsere sonstigen Sinne erfassen. „Man sieht nur mit dem Herzen gut. Das Wesentliche ist für die Augen unsichtbar" sagt uns „Der kleine Prinz" von Antoine de Saint-Éxupery.

Da in der Allmacht des Absoluten auch die Möglichkeit enthalten ist, sich selbst zu negieren, kam es, wie oben näher ausgeführt, zur Entstehung von Unwissenheit, Leid, Falschheit und

Tod/Vergänglichkeit. Das Göttliche verbirgt sich in seiner Negation. Diese ist Wesensmerkmal unserer Welt.

Die Evolution ist nun der Prozess, die Negation rückgängig zu machen, das Göttliche in uns immer mehr zu offenbaren, auszudehnen, bis wir eines fernen Tages die Vollkommenheit des „sat, chit, ananda" wieder sind, die wir schon immer waren, dann aber bewusst erkennen.

Sri Aurobindo geht davon aus, dass dazu eine neue Spezies gebildet werden wird und dass diese Entwicklung in verschiedenen Stufen erfolgt. Wenn das Wieder-Werden gelungen ist, herrscht Einheit, Paradies, „Jerusalem auf ewig". Das ist das Ziel. Dahin ist jeder von uns unterwegs. Mit kleinen oder großen Schritten, bewusst oder unbewusst, skeptisch oder mit Freuden. Das ist unser Weg. Hin zu Gott.

Wie gehen wir diesen evolutionären Weg? Was ist förderlich, was hindert uns so zu werden, wie wir eigentlich im Kern schon sind?

Der Integrale oder Supramentale Yoga des Sri Aurobindo enthält keine Körperübungen, die eine spirituelle Zielrichtung verfolgen. Sein Yoga ist eine umfassende Lehre, wie der vergöttlichte Mensch erreicht werden kann. Dabei sieht er den Prozess der Evolution in zwei Richtungen ablaufen: 1. Wir wenden uns dem Göttlichen zu und 2. Das Göttliche kommt zu uns herab.

Die Entwicklung des Menschen geschieht sowohl als spirituelle als auch als materielle Transformation. Sri Aurobindo geht davon aus, dass in jeder Materie eine Form von Bewusstheit existiert, die ebenfalls – genau wie unser geistiges Sein – einer Wandlung unterliegt. Diesen dynamischen, evolutionären Prozess können wir mit dem von Sri Aurobindo entwickelten Supramentalen Yoga fördern, der die Vergöttlichung der gesamten Menschheit zum Ziel hat, also nicht auf die individuelle Befreiung des menschlichen Individuums begrenzt ist.

Für Sri Aurobindos Yoga sind drei Grundsätze von zentraler Bedeutung:

Hingabe / Herz-Handeln / Gleichmut durch Vertrauen.

1. Totale Hingabe an das Göttliche

Alles, was uns im Leben begegnet, ist Ausdruck des Absoluten und muss deswegen in bedingungsloser Ergebenheit und Verfügbarkeit angenommen werden.

Mirra Alfassa lebte diese Hingabe bedingungslos: „Ce que Tu veux" sprach sie in jeder Situation wie ein Mantra. „Wie Du willst" - oder christlich: „Dein Wille geschehe." Sie stellte sich komplett und selbstlos in den Dienst des Absoluten. Sie überantwortete sich. Wir erinnern uns: das Lebens-JA!

2. Vollkommene Aufrichtigkeit

Hier geht es nicht darum keine Unwahrheit zu sagen, hier meint Aufrichtigkeit die Ernsthaftigkeit im Befolgen dessen, was unser innerster Kern, die göttliche Seele uns aufträgt. In ständigem, vollkommenen Kontakt mit unserem Wesenskern im Herzen leben wir aufrichtig, denn wir haben Verbindung mit der universellen Wahrheit in uns. Wir handeln aus unserem Herz-Wissen heraus, das göttlichen Ursprungs ist.

3. Unerschütterlicher Gleichmut

Damit ist eine Grundhaltung gemeint, die durch nichts verunsichert werden kann. Zweifel haben keinen Raum, wenn alles, was geschieht, als vom Göttlichen gewollt angenommen wird. Es herrscht die absolute Sicherheit des Wissens, das absolute Vertrauen.

Sri Aurobindos Transformationsweg ist geprägt von absolutem Vertrauen in das Göttliche. Sowohl das, was von außen in unser Leben tritt, als auch das, was wir als innere Weisheit in unserem Herzen erfahren, wird bedingungslos angenommen und befolgt. Das setzt voraus, dass wir in ständigem meditativen Kontakt mit unserer göttlichen Seele sind und jegliche Zweifel und egoistischen Bestrebungen in uns entmachten.

Seit 1968 gibt es in Süd-Indien ein Projekt, diese Grundsätze für ein Leben, das vom Yoga Aurobindos geprägt ist, in einer eigens dafür gebauten Stadt Wirklichkeit werden zu lassen: Auroville.

Mirra Alfassa gründete diese Stadt und sie verfasste auch die Agenda für das Zusammenleben der Menschen dort. Im Wesentlichen gelten folgende Leitsätze:

In Auroville sind Menschen willkommen, die sich von ihren gesellschaftlichen und familiären Prägungen durch Selbsterkenntnis befreien und ihren Wesenskern zum Ausdruck bringen. Sie verzichten auf persönliche Wunscherfüllung und sind selbstlos Teil der Gemeinschaft. Keine neuen, einengenden und vom Ego geprägten Regeln sollen aufgestellt werden.

Auf persönliches Eigentum wird verzichtet und darauf vertraut, dass jeder das bekommt, was er benötigt. Es wird erwartet, dass jeder seine Arbeitskraft gemäß seiner Fähigkeiten in die Gemeinschaft einbringt und damit dazu beiträgt, dass sich auch die Materie entwickeln kann.

Auroville möchte fördern, dass die neue Spezies möglichst bald auf der Erde ankommt. Das beste, was in der Zwischenzeit getan werden kann, ist es, sich ohne Ego dem Göttlichen zu weihen.

Das ist die einzige wahre Freiheit: die Vereinigung mit dem Göttlichen.

Hohe Ansprüche für Menschen mit ganz „normaler" Sozialisation. Seit der Gründung sind mehr als 50 Jahre vergangen und inzwischen leben ca 3400 Menschen aus 50 Nationen dort. Das Projekt lebt vom Wandel, lebt von der Vielfalt der Menschen, die diese neue Form des Zusammenlebens wagen und davon, was sie als „Ballast", an Ego-Strukturen mitbringen. Immer wird es Herausforderungen geben, aber die Wahrscheinlichkeit, dass man sie friedlich, respektvoll und im Sinne von Sri Aurobindo und Sweet Mother löst, ist in Auroville höher als anderswo.

Dieses Zusammenleben löst in mir Zuversicht und Zukunfts-Mut aus. Neue Strukturen bilden sich, ein neuer Mensch ist im Entstehen. Erste Schritte auf dem Weg ins „Neue Jerusalem"?

Vergöttlichung.

Hingabe, Herz-Handeln und Gleichmut durch Vertrauen sind Grundbedingungen für die Vergöttlichung der Menschheit bei Sri Aurobindo und Sweet Mother.

Hingabe, Dein Wille geschehe, Friedfertigkeit, Gottvertrauen kennen wir als christliche Ideale auf dem Weg ins Neue Jerusalem. Beglückend sind für mich die Gemeinsamkeiten der beiden Ansätze. Voller Zuversicht kann ich meinen persönlichen Weg darauf ausrichten. Gefördert und geleitet werde ich dabei vor allem durch das Wirken von Mutter Meera, einem weiblichen Avatar in Deutschland. Mutter Meera steht seit ihrer Jugendzeit in engem geistigen Kontakt mit Sri Aurobindo und Sweet Mother. Sweet Mother erklärte ihr, dass sie für die Belange der ganzen Welt zu sorgen hätte und schwere Verantwortung tragen müsse. (Die Mutter, S.12) Unablässig solle sie für das Göttliche wirken.

Sweet Mother und Sri Aurobindo begleiteten die junge Mutter Meera bei ihren Erfahrungen in anderen Welten. „Einmal sah ich, dass Sweet Mother in einem riesigen Feld von Erdbewusstsein arbeitet und es säuberte. Sie hatte ein Viertel des Feldes gesäubert, drei Viertel aber waren noch übrig. Sweet Mother übergab mir die Arbeit und bat mich, sie zu Ende zu führen. Dies tue ich nun. Diesem unvollendeten Teil muss das Licht untergemengt werden. Durch dieses Licht wird die ganze Erde in etwas umgewandelt, das so weich ist wie Butter. Wenn das getan ist, werden die supramentalen Wesen herabkommen und eine neue Schöpfung wird beginnen.", berichtet Mutter Meera von einer dieser Erfahrungen. Mutter Meera führt also das Werk von Sri Aurobindo und Sweet Mother fort. Sie empfängt das Licht des Höchsten und leitet es auf die Erde herab. Während ihres Darshans bereitet sie die Menschen vor, das Licht ebenfalls zu empfangen. Ziel ist wie bei Sri Aurobindo und Sweet Mother die Transformation des Menschen ins Göttliche. Ziel ist das Neue Jerusalem.

Wie zur Bestätigung schenkt man mir in der Zeit des Entstehens dieses Textes einen Traum:

Auf der Flucht. Ich bin auf der Flucht. Wir sind auf der Flucht durch dunkles, bebautes Gelände.

Warum? Wovor fliehen wir? Wohin wollen wir? Das ist nicht wichtig. Immer wieder sagt man mir im Traum: Achte auf das Gefühl! Achte auf das Gefühl! Wie fühlt es sich an auf der Flucht zu sein?

Weiter! Immer weiter!
Wir verbergen uns. Wir rennen weiter.
Wir verbergen uns. Wir gehen weiter.
Wir informieren andere, dass wir fliehen. Sie entscheiden sich: bleiben oder auch fliehen.

Einer hat ein Auto. Jetzt ist die Flucht leichter. Wir sind verborgen im Auto und kommen schneller voran. Die Gefahr entdeckt zu werden, ist nicht mehr so groß.
Wir erreichen eine große Stadt. Es ist kurz vorm Jahreswechsel, doch den wollen wir nicht hier erleben. Wir ändern die Fahrtrichtung und fliehen weiter.
Dann fahren wir durch eine goldene Wüste.
Einer fragt sich:

> *Was macht der Jäger auf der Flucht?*
> *Der Angler kann sich einen Fisch fangen.*
> *Der Sammler kann Beeren pflücken.*
> *Aber was macht der Jäger auf der Flucht?*

Wir erreichen wieder eine Stadt. Gerade beginnt das neue Jahr. Leuchtraketen und Böller werden gezündet. Übermütig hupt unser Fahrer. Niemand in der Stadt ahnt, dass in dem Auto Menschen sitzen, denen es lieber wäre, ohne so viel Aufhebens empfangen zu werden. Unsere Flucht endet hier. Wir können in einem Haus von vertrauten Personen unterkommen, das im Randgebiet der Stadt liegt. Aber wir werden weiter darauf achten müssen, wann und wo wir uns zeigen können und wann wir uns lieber verbergen. So ist das Gefühl.

Die Stadt heißt Jerusalem. Von hier sind wir aufgebrochen.

Es vergehen einige Tage, die mit Nachspüren und Gesprächen über diese Traumbilder gefüllt sind, bis ich den Schlüssel greifen kann.

Die im Traum gestellte Frage „Wie fühlt es sich an, auf der Flucht zu sein?" beantworte ich mit: „Ich bin allein/pur. Alles, was ich dabei habe, bin ich." Ich – das ist mein Wesenskern, mein pures Sein ohne „etwas dabei", meine Seele. Sie hat sich auf diese Flucht begeben, die jeden Ort nur erreicht, um ihn zu verlassen. Es ist eine Flucht nach vorn, ein dringendes Bedürfnis weiterzukommen und erinnert mich an die dynamische Kraft des Göttlichen. Die Richtung des Weges entsteht aus den Möglichkeiten, die sich uns bieten. Das große Ziel ist mir nicht bekannt, doch die Zwischenschritte der Flucht kann ich mit Achtsamkeit erkennen; ich fühle mich achtsam ziellos.

Die Seele darf nicht erkannt werden, noch muss sie sich verbergen. Aber es findet sich ein „Transportmittel", das das Vorankommen beschleunigt und den Weg erleichtert.

Schließlich durchqueren wir eine goldene Wüste. Gold ist für mich die Farbe des Höchsten und „Wüste" assoziiere ich mit Besinnungsort, der mich zum Wesentlichen leitet. Während der Weg der bisherigen Flucht durch Dunkelheit und bebautes Terrain führte, erreicht die Seele nun die Weite und Konzentration dieses lichtvollen, heiligen Ortes. Sie kann weiter aufatmen.

Zum Jahreswechsel, der Zeitenwende, erreichen wir die Randgebiete einer Stadt, in der unsere Flucht endet. Hier finden wir bei vertrauten Personen (Seelenverwandten?) eine Bleibe und wir können uns sogar bei einigen Gelegenheiten offen zeigen. Jetzt darf die Seele sich erkennen lassen. Ihre Zeit ist näher gerückt. Das ist das neue Lebens-Gefühl.

Die Stadt heißt Jerusalem. Von hier sind wir aufgebrochen.

Dieser Satz rührt mich zu Tränen. Er entschlüsselt die Flucht als Evolutionsweg der Seele. Heraus aus dem Göttlichen hinein in die

Verborgenheit des irdischen Werdens, weiter über mehrere Zwischenstufen bis zur Besinnung auf das Wesentliche und schließlich zurück zum Ursprungsort, der erreicht wird zur Zeitenwende. Welch hoffnungsfroher Traum!

Ego-Geist und Schmerzkörper

Kehren wir noch einmal zurück zu Eckhart Tolle.

Sein Lebenslauf formt sich bis zu seinem 29. Lebensjahr eher unspektakulär: geboren im Februar 1948 in Deutschland, verbringt er sechs Jahre seiner Jugendzeit in Spanien bei seinem Vater, bis er 1967 nach London geht, dort studiert und in Cambridge in Forschung und Supervision tätig wird. 1977 erfährt er ein radikales spirituelles Erwachen, das sein Leben von Grund auf durcheinander rüttelt. Es folgen Jahre der versuchten Integration des Erlebten. Schließlich gelingt der Durchbruch und Tolle wird als spiritueller Lehrer aktiv. Er schreibt Bücher, hält Vorträge und Seminare, die alle ein Hauptthema verfolgen: der gegenwärtige Augenblick, das Jetzt, als der einzig mögliche Lebensmoment. Eckhart Tolle lebt heute in Vancouver, Kanada.

Sein Buch „Eine neue Erde" ist keine herkömmliche Informationsansammlung mit Ideen und Konzepten, die überzeugen wollen. Es ist geschrieben aus dem Bewusstsein eines erwachenden Menschen heraus, nämlich dem des Autors, und wird dadurch automatisch zum Werkzeug für die Verwandlung des Menschen, der es liest. Beim Lesen vollzieht sich ein Erwachen, das eine neue Bewusstheit zur Folge hat.

Ego-Geist.

Ausführlich beschreibt Eckhart Tolle die Quelle allen Übels, sprich die Lebenseinstellung, die der Vergöttlichung des Menschen im Wege steht.

An erster Stelle der Störfaktoren sieht Tolle den Ego-Geist, das heißt unsere Identifikation mit dem Denken und unser rücksichtsloses Ausleben von Angst, Gier und Machthunger. Weite Teile der Menschheit befinden sich fest im Griff des Ego-Geists, der sich zum Beispiel in der industriellen Landwirtschaft zeigt, in der Zerstörung der Wälder, in der Entwicklung von Kriegsgerät und der Vergiftung von Luft und Wasser, wo kein anderes Ziel verfolgt wird als Gewinnmaximierung um jeden Preis. Das Verständnis für die Wechselbeziehungen innerhalb der Natur und die Achtung für das Ganze, das göttliche Gefüge, sind verloren gegangen.

Auf individueller Ebene schneiden wir uns mit dem Ego-Denken von unserem göttlichen Kern ab und handeln nicht aus Fürsorge für das Miteinander, sondern trachten jeder nach dem persönlichen Vorteil. Wir glauben nur, was unser Verstand in Worte fassen kann und leugnen das Wunder des Lebens, das sich im Unbenennbaren zeigt. So gehen uns Kreativität und Intuition verloren, die uns mit dem Heiligen verbinden und in der Lücke zwischen Wahrnehmen und Interpretation beheimatet sind. Das fördert ein Ich-Gefühl, das basiert auf „greifbareren" Werten: wir identifizieren uns mit unserem Auto, mit Haus und Kleidung und mit der eigenen Meinung, die wir für die absolute Wahrheit halten. Die Zugehörigkeit zu einer Religion und/oder einer Nation mit ihren entsprechenden kollektiven Einstellungen stützen das, was wir für unsere Identität halten.

Die Folgen sehen wir in unseren eigenen Lebensläufen, in Kriegen und Unmenschlichkeiten wie dem Umgang mit Tausenden von flüchtenden Mitmenschen, die wir im Mittelmeer ertrinken lassen, und im desolaten Zustand des Planeten Erde.

Schmerzkörper.

Ein weiterer Faktor, der uns am inneren Frieden hindert, sind die Emotionen aus unseren vergangenen Lebensereignissen. Ihre Energie ist in unseren Zellen gespeichert und wird umgehend in Situationen aktiviert, die dem Ursprungserlebnis ähneln. Erinnern wir uns an die Schau von Mirra Alfassa, dass die Zellen alle Informationen der evolutionären Schöpfung enthalten und verbunden sind mit den Informationen aller gegenwärtigen Zellen! Die freiwerdenden Emotionen stehen in den meisten Fällen in keinem Verhältnis zum Anlass und wir Außenstehende empfinden sie als Überreaktion. Tolle spricht vom Schmerzkörper in den Zellen eines Menschen, der auch im kollektiven Feld ganzer Völker und Gesellschaften vorkommt. Es liegt auf der Hand, dass hier der Kontakt mit dem Göttlichen gestört ist.

Um dem Zauber und der Wirkkraft des Buches „Eine neue Erde" nicht vorzugreifen oder sie gar zu mindern, beschränke ich mich auf diese eher oberflächliche Betrachtung der Gedanken Eckhart Tolles zu Ego und Schmerzkörper. Möge eine interessierte Leserin, die auch gern ein Mann sein darf, sich hineinbegeben in den Fluss von Tolles Ausführungen, die eine transformative Wirkung aufs Bewusstsein haben.

Im Blickwinkel meines Themas „Jerusalem auf ewig" ist mir wichtig, mit welchen Merkmalen der neue Mensch beschrieben wird. Tolle spricht vom „erwachten Handeln" und führt aus, dass es nicht entscheidend sei, WAS wir tun, sondern WIE wir handeln. Mir fällt der Satz des Kirchenlehrers Augustinus ein: „Liebe und tu, was du willst." Die Klangfarbe unseres Tuns ist abhängig von unserer Lebenseinstellung, und die wiederum basiert auf unserem Bewusstseinsstand. Und so ist es Tolle ein Anliegen, neue Schritte unserer Bewusstwerdung anzuleiten, die uns zu folgenden Verhaltensweisen und Einsichten führen können:
Widerstandslosigkeit:
aus der Einsicht heraus, dass alles, was ist, göttlichen Ursprungs ist.
Herzens-Güte:
aus dem Mitgefühl für alle Kreatur heraus und in Achtung vor der Schönheit der Schöpfung.
Mitmenschlichkeit:
aus dem Sinn für Frieden heraus, der die bestmögliche Lösung findet, statt mit egoistischen Zielen den „Feind" zu bekämpfen.

Für die evolutionäre Weiterentwicklung des Menschen sieht Tolle ein inneres Ziel und ein sich daraus entwickelndes äußeres Ziel. Auf der inneren Ebene steht ein Erwachen zur eigenen

Göttlichkeit an. „Denn sehet, das Reich Gottes ist inwendig in euch." (Lutherbibel 1912, Lukas 17,21). Unser SEIN, dieser göttliche Wesenskern in uns steht im Vordergrund und bestimmt unser Handeln und Denken auf der äußeren Ebene. Das Tun bekommt eine dienende Funktion.

René Descartes (französischer Philosoph des 17. Jahrhunderts) irrte grundlegend mit seinem Ausspruch „Ich denke, also bin ich". 300 Jahre später fand sein Landsmann Jean-Paul Sartre heraus, dass es zwei sein müssen: einer, der denkt, und ein anderer, dem bewusst ist, dass er denkt. Diese Trennung führt uns in die richtige Richtung, führt uns hin zum Beherrschen unseres Denkens. Wir werden vom Denk-Opfer zum Herrscher über unsere Gedanken und können erkennen, dass wir Bewusstsein SIND, das u.a. denken und handeln kann.

Nicht die bisher gewohnte Sachebene, das sinnentleerte WAS, geleitet uns ins Neue Jerusalem, sondern der Einklang zwischen unserem göttlichen Sein und unserem bewussten Handeln in Liebe zum Wohle aller.

Daraus folgt: Die Art und Weise deines Handelns im jetzigen Moment, am jetzigen Ort ist das Hauptziel deines Lebens, denn ein erwachtes Handeln kann nicht in der Zukunft geschehen, es findet JETZT statt, in diesem einen Augenblick, der dein Leben ist.

...denn das Erste ist vergangen

Der neue Mensch

An fünf Quellen bin ich nun herangeführt worden: Pia Gyger, die Bergpredigt, Sri Aurobindo und Sweet Mother und an Eckart Tolle. Alle haben sie Visionen eines neuen Menschen entwickelt, das heißt den Weg der Menschheit in die Zukunft vorgezeichnet.

Wenn wir zusammenfassen, welche Qualitäten als nächste Evolutionsschritte für jeden von uns bevorstehen, so ergibt sich ein einheitliches Bild.

Die Hingabe an das Göttliche wird die Basis des neuen Menschen sein.

- Und bevor ich noch einen weiteren Gedanken in meinem Gehirn formen kann, fließt ein Text aus mir heraus, bei dem ich mich nicht als Autorin fühle. „Es" schreibt mich:

> *Die Erkenntnis, dass nichts ist, das nicht Gott ist, wird uns zu neuen Ufern führen, hin in das Himmlische Jerusalem, der gelobten Stadt. Alles, was durch den weiblichen Aspekt des Göttlichen geschaffen wurde, dann in die Trennung fiel, wird zurückkehren in seinen Ursprung, ins Absolute.*
>
> *So vollzieht sich Evolution. So und nicht anders.*
>
> *Alle Gott-Abtrünnigkeit ist ein Irrweg und entspringt dem schiefen Gottesbild, das in unseren Köpfen spukt. Wir waren konfrontiert mit einem strafenden Gott und beteten doch zu einem „lieben Gott". Wir fürchteten Gottes Rache und liebten doch seinen Sohn, den Jesus. Auch diesen sahen wir als einen Gott an, der ebenfalls von uns getrennt war, und konnten nicht erkennen, dass er war wie wir, und als einer von uns, uns als Beispiel dienen sollte. So haben wir uns zum Opfer einer Glaubensvorstellung degradiert, das machtlos die Geschicke erleiden muss. Wir sahen nicht den formenden*

Anteil unseres Denkens und Handelns und entbanden uns jeder Verantwortung.

Bei jedem Leid jammerten wir: wie konnte Gott das zulassen – oder sogar: wie konnte er mir das antun? Immer tiefer versanken wir in Negativität und Zweifel und in eigener Machtunterschätzung und lebten doch ein Wollen, das völlig aus dem Ruder lief. Kein ethischer Halt formte unser Denken und Handeln. Die Gier nahm überhand. All die Eigenschaften, die die Wesen verkörperten, die wir in der Schau von Mirra Alfassa kennenlernten, hatten freie Bahn in uns, weil wir das Ziel nicht erkannten.

Seid bereit! Seid wachsam, für das, was wirklich zählt. Geht neue Wege der Rückbesinnung auf die Güte der Schöpfung. Findet sie wieder in der Natur. Sie ist ein guter Ratgeber. Schützt sie, auf dass sie euch schütze und ernähre. Ihr habt nur diese eine Quelle von Lebensgut.

Gebt dem Göttlichen wieder den Stellenwert, den es im kosmischen Geschehen seit Ewigkeiten innehat. Es ist an der Zeit alle Negativität zu transformieren in Licht und Liebe, in die Qualitäten, die im Ursprung unseres Seins als ewige Quelle sprudeln. Verbindet euch mit diesem Wasser, das euch nährt, weil es das Wasser eurer Seele ist. Dort seid ihr zuhause. Wir kommen aus Gott, wir gehen zu Gott, in uns ist Gott. So ist die Struktur des menschlichen Seins. Anerkennt dies und scheut euch nicht vor der Ablehnung durch Menschen, die dem alten Verständnis folgen. Geht euren Weg ohne Zweifel. Es ist der Weg eures Herzens, der göttlichen Quelle in euch. Mehr und mehr Menschen werden euch folgen und Engel werden euch geleiten, denn das ist der Weg in die Ewigkeit, der gewollt ist von Anfang an der Schöpfung.

Es braucht seine Zeit, bis ich nach diesem Text innerlich fähig bin, meine „kleinen" Gedanken weiterzuverfolgen.

Was habe ich also erfahren in den fünf Quellen?
Folgende Gesichtspunkte für den neuen Menschen sind bei fast allen Autoren einheitlich zu finden:

- Hingabe an das Göttliche und tiefes Vertrauen entwickeln
- Aus der Herzens-Güte heraus handeln
- Mit Gleichmut alles annehmen, was das Leben schickt; das Lebens-JA
- Für inneren und äußeren Frieden sorgen
- Das Gemeinwohl fördern (statt Ego-Geist)

Die Notwendigkeit der Hingabe an das Göttliche wird durch die Spontan-Botschaft eindrücklich dargestellt.

Die Herzens-Güte können wir in uns spüren, wenn wir auf die leise Intuition horchen. In der Stille und in der Meditation entsteht dafür ein passender Rahmen. Alle Aufmerksamkeit ist nach innen gerichtet, so dass wir leichter vernehmen, was uns das Göttliche, das in unserem Herzen wohnt, sagen möchte. Mit Zuversicht und mit Vertrauen in dieses Flüstern gelingt es uns, diesem inneren Wegweiser zu folgen. Dann leben wir aus der Herzens-Güte und wissen genau, welche Entscheidungen der Liebe dienen.

Im Folgenden möchte ich noch einmal die besondere Aufgabe für uns Frauen bei dieser evolutiven Entwicklung beleuchten und werde dann Hilfen anbieten, wie wir Gleichmut, Frieden und Gemeinwohl in unserem Alltag verwirklichen können, wenn wir uns dem Neuen Jerusalem annähern möchten.

Weibliche Schritte der Evolution

Wie Mirra Alfassa in ihren Visionen erkannte, sind in unseren Zellen und in dem uns umgebenden Energie-Feld Informationen enthalten, die dort schon über Jahrhunderte gespeichert sind. Wenn wir uns vor Augen halten, wie wir Frauen dadurch beeinflusst werden von alten Mustern und Werten bezüglich unserer Weiblichkeit, wundert es mich nicht, dass Veränderungen z.B. im Rollengefüge von Mann und Frau so schleppend erreicht werden. Wir können uns zwar auf individueller Ebene zu einem neuen Verhalten entschließen, wie es z.B. die Feministinnen in meiner Jugendzeit taten. Es ändert aber wenig am kollektiven Ballast, den wir aus der Vergangenheit unserer Ahnen und aus eigenen Inkarnationen mit uns herumschleppen, wozu auch all die Erfahrungen, die sogenannte Hexen erleiden mussten, gehören. Als bitter geradezu empfinde ich es, dass dieses Leid, diese Willkür und Unmenschlichkeit initiiert wurde von der römisch-katholischen Kirche. Wie kann es angehen, dass Menschen, die sich sich auf Jesus beriefen, zu solch einem grausamen Verhalten fähig waren? Wie vereinbarten sie ihr Morden, z.B. auch in „heiligen" Kriegen, mit der Friedens-Botschaft Jesu?

Nachfolger dieser Geisteshaltung sind leider immer noch unter uns. Sie diskriminieren, verunglimpfen und töten sogar Menschen, die nicht ihrer Norm entsprechen. Ich kann es mir nicht anders erklären, als dass hier das Machtstreben des Ego-Geistes das Denken und auch das Fühlen überblendet. Haben diese Menschen kein schlechtes Gewissen?

Der kollektive Schmerzkörper trägt schwer an diesen Energien. Wenn wir im jetzigen Leben als Frau geboren sind, gehen wir besonders in Resonanz mit diesen Unmenschlichkeiten, die das Weibliche erleiden musste und muss. Zu Zeiten der Kelten und im alten Ägypten achtete man das Weibliche als heilig, doch dann entwickelte sich mehr und mehr das männliche Ego-Streben, das vom Verstand gesteuert wurde. Intuitions-Wissen, Naturverbundenheit und der Kontakt mit der Anderswelt, wie sie zum Beispiel von Seher/innen und Schaman/innen gepflegt wurden, gingen verloren und das Verständnis für das Gefüge des großen Ganzen, das gerade auch durch weise Frauen tradiert wurde, verkümmerte bis zum heutigen Splitter-Wissen. Wir wissen immer mehr über immer weniger. Fachgebundene Theorien erwecken den Anschein von detaillierten Kenntnissen, doch sie zerteilen die natürlichen Kreisläufe, zerstören sie und merken nicht, dass sie am Wesentlichen vorbei forschen. Jedem sei empfohlen, Charles Eisensteins Gedanken zu folgen z.B. in seinem Buch „Klima". Er ist Vordenker – besser: Vor-Fühler – einer neuen, und doch alten Sichtweise des großen Ganzen und setzt diese einleuchtend und eindringlich zur gewohnten Perspektive von Wissenschaft und Politik in Beziehung. Er kehrt zurück zu einer eher weiblichen Weltsicht, die um die Verwobenheit von allem mit allem weiß. Frauen erfahren diese natürlichen Zusammenhänge körperlich, zum Beispiel in ihren mondphasen-abhängigen Menstruations-Rhythmen oder bei der Geburt neuen Lebens, die ihren Körper instinktiv handeln lässt. Sie wissen tief innen, dass es mehr gibt „zwischen Himmel und Erde", als der Verstand erfassen kann. Und so können sie jetzt, wo wir erkennen, dass die bisherige männerdominierte Lebensweise keine passenden Antworten mehr auf die Probleme des gesellschaftlichen Zusammenlebens und auf die Notstände des ausgebeuteten Planeten Erde hat, die Führung übernehmen.

> *Ihr Frauen, nehmt das Leben in eure Hände!*
> *Doch nicht wie bisher so männlich.*
> *Besinnt euch auf eure Königlichkeit,*
> *eure Erhabenheit im Göttlichen.*
> *Seid wie Isis und Hekate:*
> *aufrecht, wahrhaftig und voll Herzblut.*
>
> *Liebe soll regieren.*
> *Reine, aufrichtige Liebe für alle Geschöpfe,*
> *für alles Sein – ALLES.*

So lautet die Botschaft, die ich von der Lichener Madonna empfing. Zwei Aspekte daraus möchte ich hervorheben.

Zum Einen werden wir Frauen eindringlich gebeten, uns auf unsere Erhabenheit zu besinnen und aufrecht, wahrhaftig und voll Herzblut zu leben. So waren Frauen einmal! Geführt von unserer Herzens-Weisheit, selbstbewusst und erhaben. Erhaben! Welche Frau kann sich heute so bezeichnen? Wenn ich diesem Wort nachspüre, macht es mich groß; mein Rücken streckt sich und es kommt mir vor, als leuchte ein verborgenes Wissen in meinen

Augenwinkeln. Meine Seele weiß, wovon die Botschaft kündet! So war ich mal als Frau vergangener Zeiten. Erhaben und aufrecht.

Kehren wir zurück, wir Frauen! *„Geht in eure Kraft und seid zuversichtlich"*, so sagt uns die Madonna in Orcival. Die Evolution des Weiblichen hat als nächsten Schritt das Erstarken der Frauen zum Ziel. Das Erstarken in Liebe, nicht als Kampf gegen die männliche Herrschaft. Nur durch friedliches, liebevolles So-Sein lässt sich der Negativ-Kreislauf durchbrechen. Nutzen wir die uns zugeschriebenen besonderen Merkmale: Güte, Liebe und Verstehen (siehe Tabelle: Polarisierung der Geschlechterrollen im 18. Jahrh.), um den Frieden zu fördern.

Andernfalls erschafft unser Verhalten nur wieder neuen Widerstand, addiert es mehr Desselben. Wenn wir aufrecht und klar sind, verändern wir automatisch das Geschlechter-Gefüge, das bisher ein Ungleichgewicht zwischen den Waagschalen „männlich" und „weiblich" war. Ein Ungleichgewicht, das wir Frauen mitgetragen haben, indem wir uns ins Klein-Sein fügten.

Kehren wir zurück zu Isis-gleicher Würde und Liebe!

Lösen wir den kollektiven Schmerzkörper des Weiblichen auf. Eckhart Tolle sagt, dass dies durch das Erkennen der Struktur geschehen kann, durch das Bewusstwerden der Last, die wir tragen. Das setzt voraus, dass wir uns in jeder kleinen Situation des Schmerzkörpers bewusst sind und uns von ihm distanzieren. Um ehrlich zu sein: das traue ich mir bei der Mächtigkeit des gespeicherten Leids nicht zu. Ich glaube nicht, dass ich mein Verhalten so genau wahrnehmen kann, dass ich alle subtilen Altlasten erkenne. Deswegen erscheint es mir notwendig zusätzlich zur Bewusstheits-Schulung „höhere" Hilfe in Anspruch zu nehmen. Einfach und klar wird bei Christina von Dreien, einer jungen Schweizerin mit besonderen kosmischen Kenntnissen, in ihrem Buch „Die Vision des Guten" ein individuell praktizierbarer Weg zur Auflösung alter Muster und Konditionierungen beschrieben. Sie weist die Höchste Quelle an, diese alten Strukturen zu löschen.

Ich persönlich mag auch der Botschaft aus Orcival folgen und mich mit allen Göttinnen verbinden, die ich kenne. Wobei allein das Mit-Dazu-Denken des weiblichen Aspekts des Göttlichen für mich innerlich schon so viel verändert hat, dass ich die verkündete Würde in mir fühlen kann. Da ist ein Göttliches, das mein „eigen Fleisch und Blut" ist! Ich fühle mich von einer Göttin auf Augenhöhe verstanden – ganz anders als bei einem männlichen Gott. (Männern empfehle ich dieses Denken in die andere Richtung auszuprobieren: Er betet zu einer Göttin!) Alle Fremdheit und Gottesferne verschwinden. Göttin ist mir nah.

Zusammenfassend kann also gesagt werden, dass wir Frauen drei sich ergänzende Hilfen kennen, um zu ballast-losem Verhalten in Liebe zu gelangen, um frei zu sein für neue Taten aus unserer Herzens-Weisheit heraus. Wir können uns der Altlasten bewusst werden, wodurch sie nach Tolle von allein verschwinden. Wir können die Höchste Quelle anweisen, uns zu befreien und wir können unser Gottesbild erweitern um den weiblichen Aspekt, um die Göttin.

„Seid ihr Lichtträgerinnen mit friedlichen Absichten, voll Herzkraft und Zuversicht" (Orcival-Botschaft) und ohne störende alte Muster und Konditionierungen!

„Es wird gelingen! Glaubet daran!" (Orcival-Botschaft)

Ein zweiter Aspekt der Lichener Botschaft ist mir wichtig.

„Liebe soll regieren. Reine, aufrichtige Liebe für alle Geschöpfe, für alles Sein – ALLES."

Das sollte man/Mann sich einfach mal auf der Zunge zergehen lassen! Liebe soll regieren. Man hört das „Ja, aber..." förmlich. Reine Liebe, aufrichtige Liebe. Regierungen sind meilenweit davon entfernt. Vor lauter Machtstreben und Sachzwängen sind sie verstrickt in wirtschaftliche Interessens-Machenschaften, unterliegen der Geldgier und dienen ihr, vernachlässigen soziale Aufgaben und missachten die Menschenrechte, die es seit 1948, also erst seit rund 70 Jahren und nur als Empfehlung gibt! Das, was eigentlich die Hauptaufgabe von Regierungen sein sollte, dem Wohl der Menschen zu dienen, einen Staat zu bilden, in dem jeder willkommen und geschützt ist und wo jeder als Person mit eigenen Ideen geachtet wird, ist in Vergessenheit geraten.

Und nun wird in der Botschaft gefordert: Die Liebe für alle Geschöpfe soll regieren! Aber: Es ist der einzig sinnvolle Ausweg aus unserer Misere! Mitmenschlichkeit, Hilfsbereitschaft, friedvolles Zusammenleben im Kleinen wie im Großen - nur sie fördern den artgerechten, respektvollen Umgang mit den Geschöpfen Tier und Mensch und schützen die Erde vor dem Kollaps. Nur die Liebe verhindert den Vandalismus unseres bisherigen Herrschaftssystems.

Während ich diese Gedanken aufschreibe, erleiden wir seit mehreren Wochen die sogenannte „Corona-Krise". Ein kleiner Virus legt eine ganze Welt lahm! Als würde unser Leben heruntergeschraubt auf ein Minimum dessen, was sonst als unverzichtbar angesehen wird. Nicht der Virus selbst ist die treibende Kraft sondern die Angst. Das Gegenteil von Liebe! Die Angst erreicht das, was die Liebe erschaffen würde.

Hilfsbereitschaft wird verwirklicht:
Regierungen fordern ihre Bürger auf, sich umeinander zu kümmern in Zeiten der Quarantäne!
Mitmenschlichkeit wird praktiziert:
Seat baut plötzlich kostengünstige Atemgeräte aus Scheibenwischer-Motoren!
Und das unermüdliche Engagement der sozialen Berufe wie Pflegekräfte und Ärzte wird endlich einmal honoriert. Leider noch ohne Honorar, aber mit Worten und standing ovations. Immerhin!
Es könnte ein neuer Weg sein, den uns der Coronavirus eröffnet. Es könnte ein evolutiver Schritt werden.
Zuversicht!

Männliche Schritte der Evolution

Und was braucht der Ausweg aus der Misere von männlicher Seite her?

Männer bevorzugen ein von der Ratio geprägtes Denken, das alles bis zur Zusammenhanglosigkeit analysiert und auf der Ebene des Materiellen hängen bleibt. Das Wissen um das Gewebe von Leben und Natur, die Herzens-Weisheit ist verschüttet.

Diese männliche Grundhaltung bildet das Fundament für zwei weitere Übel:

- die maßlose Gier nach mehr und mehr, nach Wachstum ohne Ende, die die natürlichen Kreisläufe missachtet und Ausbeutung und Zerstörung in Kauf nimmt

- und das zerstörerische Machtstreben, das nur persönliches Rechthaben in den Fokus nimmt und dadurch zwangsläufig ständig „Feinde" schafft und Zwietracht und Kampf gebiert.

Diese Verhaltensarten folgen einem Egoismus, der blind ist für die Rechte und Bedürfnisse von Mitmenschen und der kein Mitgefühl kennt.

Im privaten Bereich kann ich beobachten, dass selbst sogenannte „Machos" im Umgang mit kleinen Kindern, besonders mit niedlichen Mädchen, plötzlich butterweich sein können. Das gibt mir Hoffnung, denn es zeigt, dass in jedem Mann, auch wenn er noch so „hart" auftritt, ein weicher Kern vorhanden ist. Diesen Kern, den wir auch Herzens-Güte nennen können, gilt es wieder freizulegen.

Dazu sind die Männer der heutigen Zeit aufgerufen: zu Empfindsamkeit und Einfühlungsvermögen (auch mit Erwachsenen). Das Konkurrenzdenken sollte sich wandeln in Kooperationsbereitschaft, die aushalten kann, nicht recht zu haben und nicht „der Größte" zu sein. Dringend notwendig ist das Wieder-Kennenlernen der natürlichen Kreisläufe und die Achtung vor der Schöpfung. Alle diese Änderungen fließen zusammen in dem Begriff: Herz-Öffnung.

Charles Eisenstein kann hier ein guter Lehrmeister sein.

Wenn ich pauschal von „dem Mann" spreche, möge es mir nicht als unzulässige Verallgemeinerung ausgelegt werden. Ich weiß sehr wohl, dass sich Rücksichtslosigkeit auch bei Frauen und Herzens-Weisheit auch bei Männern finden lassen. Es geht mir um Typisierungen zur klareren Erkenntnis.

Alltagsschritte der Evolution

Alles, was wir denken und lernen, bleibt kraftlos, wenn es uns nicht gelingt, es in unser Alltagsverhalten zu integrieren. „Es gibt nichts Gutes, außer man tut es", formulierte Erich Kästner in seiner humorvollen Art. Hingabe an das Göttliche, unerschütterlicher Gleichmut, Handeln aus der Herzens-Weisheit heraus. Wie geht das im Alltag? Worauf muss ich achten, will ich evolutionäre Schritte gehen, auf ein Ziel zu, das mir Glückseligkeit verspricht?
Drei Bereiche des Alltags möchte ich beleuchten und weitergeben, was mir persönlich hilfreich war und ist.

In Frieden sein
- mit mir   (Leben aus der Herzens-Güte)
- mit anderen   (Mitmenschen annehmen)
- mit dem Leben   (das Lebens-JA)

In Frieden sein mit mir.
Es ist wahrlich nicht einfach, in unserem ganz normalen Alltag ein Friedensengel zu sein! Oft genug sind unsere Lebensbedingungen von Aufregung und Stress geprägt und es gelingt uns nicht, ausgeglichen zu handeln. Friedlich können wir nur von innen heraus *sein*, wir können es nicht als Haltung lernen oder „machen". Eine Möglichkeit, den inneren Frieden zu erweitern, besteht darin, dass wir unsere „Stolpersteine" auflösen. Wir kennen es alle: bestimmte Situationen, gewisse Stimmungen oder Wörter bringen unser Fass zum Überlaufen, denn sie berühren wunde Punkte in uns. Jeder hat in seinem Leben ungute Erfahrungen gemacht,

deren Emotionen in unseren Zellen gespeichert sind und schnell aktiviert werden können. Diesen Stolpersteinen sollten wir auf den Grund gehen und ihren Ursprung finden, denn dort kann Heilung geschehen. Vielleicht genügt es schon, sich der Problematik bewusst zu werden, und der Stolperstein entkräftet sich. Manchmal benötigt er die Kraft der Vergebung für alle Beteiligten der Ursprungs-Situation. Oder wir werden von den störenden Emotionen durch die Erkenntnis befreit, dass diese früher sehr wohl angemessen waren, heute aber hinderlich sind.

So zur inneren Ruhe gekommen, gelingt es uns, auch bei Reizwörtern in unserer Mitte zu bleiben. Aber täuschen wir uns nicht: es ist unter Umständen ein langer Weg, denn manche Stolpersteine tauchen immer wieder (z.T. in veränderter Form) auf und vielleicht haben wir eine ganze Steine-Sammlung angehäuft. Aber dieser Weg kann uns langfristig und gründlich friedlich werden lassen.

Typisches Indiz für einen Stolperstein sind vehemente Emotionen, die in ihrer Heftigkeit so gar nicht zum Auslöser passen wollen. Wir können eine „Faustregel" zur Hilfe nehmen: Alles, was mich mehr als drei Minuten innerlich nicht zur Ruhe kommen lässt, hat mit mir zu tun und ist ein eigener Stolperstein.

Ein Beispiel: Wenn jemand völlig aus dem Gleis gerät, weil Nachbarn seine Nachtruhe durch Lärm stören, wenn er sich über alle Maßen aufregt oder sogar krank wird durch diese „Belästigungen", kann man davon ausgehen, dass ein Stolperstein die Emotionen schürt. Vielleicht musste dieser Mensch in seiner Kindheit Nächte erleiden, in denen sich die Eltern lautstark stritten, das Kind sich bedroht fühlte und vor Angst fast umkam. Diese Angst wird durch die aktuelle Situation mit den lauten Nachbarn belebt und äußert sich jetzt z.B. als Ärger oder Wut.

Je nach Heftigkeit der Reaktion können unterschiedliche Hilfen nötig sein, um den Stolperstein zu entschärfen. In leichteren Fällen wird es genügen, die Ursprungssituation zu erkennen und den Eltern zu vergeben. Bei tiefer sitzenden Verstrickungen kann es hilfreich sein, psychologische Beratung hinzuzuziehen.

In jedem Fall leuchtet ein, dass eine Beseitigung dieser störenden Emotionen dringend angeraten ist, damit die Person zu ihrem inneren Frieden findet und ihre Herzens-Güte leben kann.

In Frieden sein mit anderen.
Hier möchte ich zwei verschieden Verhaltensweisen ansprechen: das Annehmen von Personen, die wir als „störend anders" empfinden und den Umgang mit Streit.

Mitmenschen annehmen.
Ehrlich gesagt, diese Herausforderung ist mein tägliches Übungsfeld. Sätze, die mir helfen, sind
„Jeder darf so sein."
„Jeder ist anders komisch."
Einen Menschen anzunehmen, und wenn er noch so „anders" ist als wir selbst, sollte eigentlich selbstverständlich sein. Doch es setzt die Unterscheidung zwischen der äußeren Ebene der Einstellung dieser Person und ihrem inneren Wesenskern voraus. Und diese Differenzierung schmerzt in Fällen, wo wir es z.B. mit politischen Despoten oder mit Gewalttätern zu tun haben. Dann zerrinnt die hehre Aussage, jeder hätte einen göttlichen Kern, in meinem Widerstand.
Zum Glück begegnen mir Gewalttäter oder Politiker nicht in meinem Alltag. Aber diese Herausforderung braucht es auch gar nicht. Da reicht schon die Freundin, die plötzlich „zickig" ist oder der Autofahrer vor mir, der sich rücksichtslos verhält.
„Jeder ist anders komisch" – und auch ich bin komisch! „Jeder darf so sein" – auch ich. Hier liegt ein nicht unwesentlicher Friedens-Schlüssel verborgen: eigentlich habe ich ja genug zu tun, vor der eigenen Haustür zu kehren, meinen Balken im Auge zu entfernen, damit ich mich selbst annehmen kann! Bei dieser „Arbeit" bin ich gezwungen, alle meine Seiten anzunehmen – auch die, die ich gern vor mir selbst und anderen verstecke. Hier kann ich das Annehmen üben, mit mir selbst. Wer sich der eigenen Abgründe wirklich bewusst ist, dem fällt es leichter, sie auch seinen Mitmenschen

zuzugestehen und zu erkennen, dass niemand vollkommen sein kann.

Wir tun außerdem gut daran, uns zu fragen, welcher eigene Stolperstein durch das Zusammentreffen mit dem „schwierigen" Menschen ans Licht kommt. Welches Lernfeld für uns selber taucht hier auf? „Frieden mit anderen" ist eng verknüpft mit dem „Frieden in mir." Die Lösung der Konflikt-Situation mit dem störenden Anderen kann in mir erreicht werden, indem ich meine Gefühls-Altlast entkräfte.

Und wie verhalte ich mich nun in der akuten Situation mit der „zickigen" Freundin?

Grundsätzlich ist es bei jedem Konflikt notwendig, den inneren Schritt in die Distanz zu tun. Raus aus der Situation der Betroffenheit, hinein in die Beobachter-Position. Das ermöglicht den klareren Blick und schützt uns vor einer Gefühlsüberschwemmung in unserem eigenen Inneren.

Es tut der Situation gut, wenn es mir gelingt, Ruhe zu bewahren. Wahrscheinlich würde jedes Einsteigen in die Stimmung zu deren Eskalation führen. Die Beobachter-Position ermöglicht mir, Gründe für das Verhalten der Freundin zu reflektieren und mir „Auswege" zu überlegen. Gute Erfahrungen habe ich damit gemacht, das Zusammensein dann relativ zügig zu beenden. Meistens sieht die Welt am nächsten Tag wieder anders aus.

Generell betrachtet, ist es sinnvoll für den Umgang mit „schwierigen" Menschen, dass wir langfristig den eigenen Stolperstein, der sich zeigt, bearbeiten.

Als Akut-Maßnahme kann man das Zusammensein mit der entsprechenden Person auf das Nötigste beschränken oder einen Weg finden, mit ihr mit viel Geduld, Verständnis und Güte umzugehen. Auf keinen Fall sollten wir dem Irrtum unterliegen, dass wir andere Menschen ändern können. Und auf keinen Fall dürfen wir die Person stigmatisieren.

Jeder ist dort, wo er angekommen ist aus einem Leben voller Schritte und Ereignisse. Er MUSS anders sein als ich, denn er hat ganz andere Erfahrungen gemacht.

Für ein friedliches Miteinander ist es unerlässlich, dass wir dies respektieren. Wir müssen jeden anderen so annehmen, wie er ist, denn es ist illusorisch zu erwarten, dass er so wird, wie wir ihn gern hätten! Es ist sein Leben mit den Entwicklungsschritten, die für ihn notwendig sind. Mit diesem Verständnis für seine Lebenssituation öffnen wir dem Frieden die Tür.

Streiten.

Die Gründe für unsere Neigung zu streiten, erfahren wir anschaulich bei Eckhart Tolle und sie lassen sich salopp in dem Satz zusammenfassen: „Mein Ego hat rechter als deins!"

Aber wie sieht die Praxis aus? Wenn ich erkenne, dass sich eine Diskussion zu einem Streit entwickelt, den ich eigentlich nicht will, wie lenke ich die Situation in eine friedliche Richtung? Auch hier ist der Schritt in die Beobachter-Position hilfreich, denn aus diesem Blickwinkel heraus, können wir ansprechen, dass ein Streit naht oder schon da ist, dass wir diesen Weg aber vermeiden möchten. Automatisch verlagert sich dadurch der Fokus für beide Personen / Gruppen von der Rechthaberei zur Lösung des Konflikts.

Gemeinsam können wir uns fragen: Sind die beiden verschiedenen Meinungen in einer Mitte vereinbar, d.h. ist ein Konsens möglich? Oder: Ist es notwendig, die verschiedenen Ansichten mit gleicher Gültigkeit nebeneinander stehen zu lassen?

Im ersten Fall können wir miteinander nach den Gemeinsamkeiten forschen, diese herausstellen und eine für beide Partner akzeptable Lösung finden.

Wenn kein Konsens erreichbar scheint, dient es dem Frieden, nicht mehr weiter zu diskutieren, sondern die unterschiedlichen Positionen zu akzeptieren und so stehen zu lassen. Je nach Gefühlslage der Beteiligten kann dies natürlich mehr oder weniger schwierig sein und muss angesprochen werden. Eine anschließende innerliche und vielleicht auch räumliche Trennung kann die Situation weiter beruhigen. Hierbei ist es wichtig, keinen Groll, keine Schuldzuweisung und kein Minderwertigkeitsgefühl zu entwickeln, um nicht erneut Streit-Potenzial zu horten. Als Hilfe können wir uns vergegenwärtigen, dass jeder das Recht auf seine ganz eigene Weltsicht hat und dass es um die Meinung der Personen geht und nicht um die ganze Persönlichkeit. Wir trennen uns von einer Idee, von einem Standpunkt, nicht von einem Menschen.

Ein friedliches Miteinander kann so gelingen.

In Frieden sein mit dem Leben.
Auch hier gibt es zwei Sätze, die mir helfen:
„So ist das also." und
„Gott fügt alles wunderbar."
Sie stammen aus Weisheitsgeschichten, die sich mir eingeprägt haben.

Der Umgang mit Situationen, die wir unangenehm finden, ist ungleich schwieriger als der mit Mitmenschen, die uns problematisch erscheinen. Aus Situationen kann ich nur in den seltensten Fällen aussteigen. Manchmal können wir kurz innehalten und uns fragen, ob wir durch ein geändertes Verhalten von uns selbst das Problem wenden können. Doch wenn ich eine Krankheit erleide oder wenn sich mein Tagesablauf völlig anders entwickelt als geplant, muss ich die Situation aushalten. Im Norddeutschen sagt man dann gern mit einem Schulterzucken: Nützt ja nix. Es gibt keine andere Lösung als das Ertragen. „So ist das also".

Mir hilft zum Friedlichsein dann der Rückzug in mein inneres Glück. Mein Fokus wechselt und das Unangenehme steht nicht mehr im Mittelpunkt meiner Wahrnehmung. Ich kann sehen, dass es viel Intaktes gibt in mir und um mich, das mich stärkt. Ich gehe nicht unter in Leid oder Missmut und mein innerer Frieden kann gelingen.

In meinem Leben gab es viele Episoden, die zunächst nach einem Unglück aussahen, sich aber später als „Geschenk des Himmels" erwiesen. Das hat es mir erleichtert, unliebsame Ereignisse inzwischen gelassener anzunehmen und darauf zu vertrauen, dass sie im großen Gefüge des Lebens einen Sinn haben. Vertrauen in das Göttliche beruhigt mich.

Der zweite Weisheits-Satz passt zu diesem Zusammenhang: „Gott fügt alles wunderbar". Diese indische Weisheitsgeschichte will ich in gekürzter Form hier nacherzählen. Möge sie der Zuversicht dienen, dass alles einen verborgenen Sinn hat.

Ein König hatte einen Minister, der bei jeder Gelegenheit sagte: „Gott fügt alles wunderbar." Nach einiger Zeit hatte der König diesen Satz so oft gehört, dass er ihn nicht mehr ertragen konnte. Als sich der König auf der Jagd beim Verspeisen des erlegten Hirschen einen Finger abschnitt und der Minister wieder sagte „Gott fügt alles wunderbar", riss dem König endgültig der Geduldsfaden. Er entließ den Minister aus seinen Diensten und schickte ihn auf der Stelle fort.

Der König, vom Hirschbraten gesättigt, schlief ein. Wilde Räuber, Anhänger der Göttin Kali, überfielen und fesselten ihn, um ihn ihrer Göttin zu opfern und – zu verspeisen. Im letzten Moment bemerkte einer der Kali-Anhänger den fehlenden Finger. Die Räuber kamen zu dem Schluss: „Dieser Mann ist unvollkommen. Ihm fehlt ein Körperteil. Unserer Göttin darf nur Vollkommenes geopfert werden." Sie ließen ihn frei.

Der König erinnerte sich nun an die Worte des Ministers: „Gott fügt alles wunderbar" und erkannte: Genau so ist es. Auch in diesem Fall. Er fühlte sich schuldig, den Minister verbannt zu haben und ließ ihn suchen. Als man ihn fand, entschuldigte sich der König und bat ihn, wieder in seine Dienste zu treten. Der Minister sagte: „Du brauchst dich nicht zu entschuldigen. Ich bin dankbar, dass du mich fortgeschickt hast. Mich hätten die Räuber geopfert. Mir fehlt kein Finger. Gott fügt alles wunderbar."

Möge diese Geschichte unser Lebens-JA erleichtern.

Gleichmut und Frieden sind individuelle Aufgaben. Sie können nicht durch Gesellschaftssysteme „verordnet" werden. Sie müssen in jedem von uns reifen und sind unsere täglichen Herausforderungen. Erst wenn wir in uns persönlich geduldig, gleichmütig und friedlich sind, werden wir eine neue Welt ohne Krieg, Zerstörung und Ausbeutung ermöglichen.

Vom Kleinen zum Großen. Dieses Prinzip sollten wir verinnerlichen. Weltfrieden kann nur entstehen, wenn die Menschen, die miteinander leben, friedlich sind. Veränderungen können nur geschehen, wenn viele Menschen sie unbedingt erreichen möchten. Entwicklungen müssen an der Basis beginnen, sich auf viele Menschen ausdehnen und dann in neuen Lebensformen zum Ausdruck kommen.

Getreu dem Spruch: „Wenn viele kleine Leute an vielen kleinen Orten viele kleine Schritte tun, verändert sich das Antlitz der Welt." Immer mehr dieser „kleinen Leute" erkennen heute, dass wir als Menschheit an einem Punkt der Entwicklung angelangt sind, der in die Zerstörung unserer Lebensgrundlagen führt. Wir können sehen, dass unsere bisherigen Lösungsmethoden nicht greifen, dass wir uns in einer Endlosschleife von Negativität befinden und unser eigenes Leben und das unseres Planeten vernichten. Zum „Aussteigen" benötigen wir eine neue Vision. Sie muss in jedem Einzelnen von uns wurzeln und mit ihrer Kraft die alten zerstörerischen Muster wandeln, auf dass ein Neues entsteht.

Das Neue Jerusalem steht für ein geändertes Bewusstsein der Menschheit, die sich an dem tiefen Wissen orientiert:

Es ist nichts, das nicht Gott ist.

Friedens-Botschaft

Für und für, Jahr für Jahr,
immer wieder geh in die Liebe, geh ins Licht.
Voll Liebe sei dein Leben, strahlend und schön.
Jeder Schritt sei ein Schritt der Güte.
Liebe deine Mitmenschen ringsherum.
Lass sie gedeihen, so wie sie müssen.
Kritisiere nicht an ihnen herum.
Jeder geht seinen Weg genau wie du deinen.
Sei du dein bester Freund
und sei so freundlich zu anderen.
KYRIE

Frieden sei mit euch!
Frieden innen und Frieden außen
in eurem kleinen Bereich.
Niemand erwartet, dass du Weltfrieden erschaffst.
Du kannst aber sehr wohl
Frieden in deinem direkten Umfeld erschaffen.
Kläre ab in dir die Stolpersteine, bereinige sie,
auf dass sie dich nicht stören.
Nimm weg alles Übel aus deinem So-Sein.
Erst wenn in dir Frieden herrscht,
wird der Frieden um dich herum gelingen.
Sei dessen gewiss.
Es ist ein lohnendes Ziel. Mache dich auf!

Güte und Glück sollen dich begleiten,
sollen formen dein Sein zu Glückseligkeit.
Alles fällt dir in den Schoß, wenn du in der Liebe bist.

Liebe und Güte sind dein Grundstoff.
Aus dem bist du gemacht.
Liebe und Güte wohnen in deinem Herzen
für immer und ewig.
Sie sind GOTTES Geschenk an dich.
Geh in dein Herz, spüre sie auf. Du kannst sie fühlen.
Lass sie sich ausdehnen
und schick sie in deine kleine Welt für jeden,
der dir begegnet.

Auch für den, den du nicht so magst.
Lass ihn so sein, wie er ist.
Das ist sein Leben. So braucht er es. Respektiere es.
Begegne ihm mit Liebe und Güte.
Er ist genauso auf dem Weg wie du,
nur an anderer Stelle.
Sogar eure Ziele sind gleich.
Ihr geht beide ins Licht, begleitet von Engeln,
umsorgt und behütet,
die Schritte tuend, die für euch notwendig sind.
So ist Leben. So und nicht anders. Für jeden.
Glückseligkeit wird folgen, wenn dir dieses gelingt.
Glückseligkeit - welch kostbarer Schatz! Nur für dich.

Glaube und vertraue,
dass die Entwicklung der Menschheit ins Licht führt.
Lass dich nicht beirren
von dusteren Zeiten und Ereignissen.
Der Weg geht ins Licht. Ganz gewiss!

Amen

Anhang

Bücher, die mir wichtig sind

Aufbruch
Frauen machen sich stark für eine Kultur des Friedens
Gamma, A./Gyger, P./Kaiser, A./Lichtenfels,S.; Theseus Verlag 2014

Christina
Die Vision des Guten
von Dreien, Bernadette; Govinda-Verlag 2018

Das Geheimnis der Schwarzen Madonnen
Kröll, Ursula; Kreuz Verlag 1998

Das Neue Testament
Lutherbibel 1984; Deutsche Bibelgesellschaft 2000

Die Mutter
Adilakshmi; Mutter Meera, 2009

Eine neue Erde
Bewusstseinssprung anstelle von Selbstzerstörung
Tolle, Eckhart; Goldmann Arkana 2005

Eine Welt, eine Menschheit, ein Bewusstsein
Grundlagen einer universellen Spiritualität
Kaiser; Annette; Aquamarin Verlag 2015

Erscheinungen und Botschaften der Gottesmutter Maria
Hierzenberger, G./ Nedomansky, O.; Bechtermünz Verlag 1996

Geschichten wie Edelsteine
Behrendt, Joachim-Ernst; Traumzeit-Verlag 2007

Göttinnen großer Kulturen
Zingsem, Vera; Anaconda Verlag, 2008

Klima
Eine neue Perspektive
Eisenstein, Charles; Europa Verlag 2019

MARIA Tochter der Erde, Königin des Alls
Vision einer neuen Schöpfung
Gyger, Pia; Kösel Verlag 2002

Schwarze Madonnen
Das Mysterium einer Kultfigur
van Cronenburg, Petra; Hugendubel Verlag 1999

Über den Menschen hinaus
Leben und Werk von Sri Aurobindo und Mutter
van Vrekhem, Georges; Aquamarin Verlag 2014

Alle Botschaften auf einen Blick

Lichen   9.2. 2019

Liebe, sei frei! Fühle dich wohl trotz allem.
Lass dich nicht untergehen, aber befreie, was du befreien kannst.
Geh in die Güte und verteile sie unter den Menschen,
auf dass Liebe erstrahle weltweit.
Liebe, so rot wie mein Bildnis, voll Kraft, Zuversicht und Vorwärts.
Sei frei von Kummer. Liebe! Liebe, was das Zeug hält!
Nutze das Rot für „Vorwärts". Vorwärts im weiblichen Sinne.
Du kannst gelingen für alle, die weiblich sind.
Befreie eure Stärke, Kraft und Zuversicht!
Werde Formerin des Schicksals.

> *Ihr Frauen, nehmt das Leben in eure Hände!*
> *Doch nicht wie bisher so männlich.*
> *Besinnt euch auf eure Königlichkeit,*
> *auf eure Erhabenheit im Göttlichen.*
> *Seid wie Isis und Hekate: aufrecht, wahrhaftig*
> *und voll Herzblut.*
> *Liebe soll regieren. Reine aufrichtige Liebe für alle*
> *Geschöpfe, für alles Sein − ALLES.*

Sei du Botin mit dem, was du schreibst. In Liebe.

Orcival   1   27.5.2019

Ich bin die Herrscherin der Welt.
Lasst euch nicht beirren.
Das Weibliche ist Gott in Vollendung, aus tiefstem Herzen,
in aller Heiligkeit, zu der Menschen fähig sind.
Alles ist Gott, doch Göttin ist das Höchste,
aus dem alles ist, was ist.
Zweifle nicht. Lass dir nichts einreden.

Die Herrschaft des Alls ist in mir und allem Weiblichen.
In euch Frauen ist ein Funken von mir aus der Ewigkeit des Alls,
des Kosmos, der un-unendlichen Liebe, die alles, aber auch alles
zusammenhält.

Bekümmere dich nicht ob des Irrwegs der Menschheit.
Es ist ein schmerzvoller Prozess und Weg, der sein muss zum
Werden. Zum Bewusstwerden der Einheit von männlich und
weiblich, von yin und yang, von außen und innen. Jedes in seinem
Sein, doch gemeinsam im Einklang aus zwei Tönen, die
harmonieren in der Ewigkeit, aber noch nicht in der Welt.

Ihr Frauen werdet finden den Schlüssel zu allem, was ist
in diesem Einklang voll Frieden und unendlichem Wissen
der Herzensweisheit.
Liebet! Liebet einander aus göttlichem Herzen
in der Vollkommenheit von allem, was ist.

Wir Madonnen wollen euch erinnern, euch mahnen, euch führen
zum Heil der Welt. Einigkeit soll euch beherrschen, Einigkeit im
Göttlichen aus Göttin und Gott.
Lasst das Streiten ums Rechthaben. Geht in die Liebe, die das
Gewebe des Kosmos ist. Diese Liebe wird euch beflügeln auf eurem
Weg ins Licht der Sterne und in die Dunkelheit des Alls. Diese
Dunkelheit umfange euch mit Wohl. Fürchtet euch nicht! Sie ist ein
gottgleiches Sein in Frieden.

Lachet und seid fröhlich.
Genießet eure Tage voll strahlendem Glück.
Friede sei mit euch.
In Ewigkeit.
Amen

Gehet hin zum Weiblichen, ihr Frauen.
Vereinigt euch mit allen Göttinnen, die ihr kennt.
Ich liebe euch.
Amen

Orcival 2   31.5.2019

Geht in die Liebe, geht ins Detail.
Lasst euren Alltag frei sein von Gram, Kummer und Zerwürfnis.
Ihr werdet siegen im Namen der Liebe
und alle Unfreiheit wird aufgelöst.
Seid ihr Frauen leuchtendes Beispiel, wie Frieden gelingt.
Horcht auf die Herzenssprache in euch.
Sie klingt aus dem Kosmos, aus Göttin und Gott.
Vereint diese beiden in euch zu Einklang und Vertrauen.

Ihr werdet siegen, werdet wandeln die Welt zum Frieden,
zum friedlichen Miteinander aus ihm und ihr.
Geht in eure Kraft und seid zuversichtlich.
Jede an ihrer Position, mitten im Alltag.
Und lasst eure Göttinnen-gleiche Weiblichkeit fließen in die Welt,
in die Welt der Männer. Bereichert sie durch euer So-Sein
in der Kraft der Göttin.
Strahlt eure Würde aus, eure Erhabenheit und euer Wissen um das,
was ist im wahren, göttlichen Kern des Seins.
Seid ihr Lichtträgerinnen mit friedlichen Absichten,
voll Herzkraft und Zuversicht.
Es wird gelingen. Glaubet daran.
Im Kleinen, step by step, in jedem Miteinander des Alltags.
Bringt ein euren weiblichen Frieden und verbindet euch mit aller
Weiblichkeit des Kosmos.
So sei es.
Amen, ihr lieben Frauen, ihr Notre-Dames!

Rocamadour   6.6.2019

„Kein Wässerchen kann uns trüben."

Le Puy en Velay   12.6.2019

Geh mit deinem Herzen in die Welt und künde von mir
und allem Weiblichen im All.
Gott ist mit dir.
Vertraue der Göttin in dir.
Jerusalem auf ewig.
Amen.

Isis   17.6.2019

Jeden Tag genießt du als Werde-Tag,
als Tag zum Gelingen der Welt in ihren Angeln.
Sei bereit, das Unmögliche möglich zu machen.
Geh in deine Kraft aus Kosmos und Liebe.
Sie kann Berge versetzen, wenn du dich hingibst.

Glaube! Glaube an diese Kraft und wirke.
Wirke Gutes in dieser Welt aus Leid und Furcht.
Verbreite Zutrauen und Weiblichkeit im Göttinnen-Kleid.

Fliege! Fliege über Grenzen aus uralten Zeiten
hin in ein Leben voll Zutrauen und Liebe.

Sei frei! Frei von Normen, die einmal galten.
Es ist/wird eine neue Zeit mit neuen Werten.

Füge hinzu. Füge die Weiblichkeit zur Männlichkeit
wie die Kinder der Göttin.
Glaube daran, dass es möglich ist, die Welt zu harmonisieren.
Der Einklang wird sich fortsetzen und alles Sein umspannen
wie meine Feder-Flügel voll sanfter Stärke.
Blicke zuversichtlich nach vorn und geh.
Geh die Schritte des Friedens aus dem Wissen um Gott und Göttin.
Alles ist möglich, wenn du daran glaubst.
Deine Gedanken formen die Welt und euer Sein.
Denke in Liebe und sei frei.

Es ist nichts, was nicht Gott ist   April 2020

Die Erkenntnis, dass nichts ist, das nicht Gott ist, wird uns zu neuen
Ufern führen, hin in das Himmlische Jerusalem, der gelobten Stadt.
Alles, was durch den weiblichen Aspekt des Göttlichen geschaffen
wurde, dann in die Trennung fiel, wird zurückkehren in seinen
Ursprung, ins Absolute.
So vollzieht sich Evolution. So und nicht anders.
Alle Gott-Abtrünnigkeit ist ein Irrweg und entspringt dem schiefen
Gottesbild, das in unseren Köpfen spukt. Wir waren konfrontiert
mit einem strafenden Gott und beteten doch zu einem „lieben
Gott". Wir fürchteten Gottes Rache und liebten doch seinen Sohn,
den Jesus. Auch diesen sahen wir als einen Gott an, der ebenfalls
von uns getrennt war, und konnten nicht erkennen, dass er war wie
wir, und als einer von uns, uns als Beispiel dienen sollte. So haben
wir uns zum Opfer einer Glaubensvorstellung degradiert, das
machtlos die Geschicke erleiden muss. Wir sahen nicht den
formenden Anteil unseres Denkens und Handelns und entbanden
uns jeder Verantwortung.
Bei jedem Leid jammerten wir: wie konnte Gott das zulassen – oder
sogar: wie konnte er mir das antun? Immer tiefer versanken wir in
Negativität und Zweifel und in eigener Machtunterschätzung und

lebten doch ein Wollen, das völlig aus dem Ruder lief. Kein ethischer Halt formte unser Denken und Handeln. Die Gier nahm überhand. All die Eigenschaften, die die Wesen verkörperten, die wir in der Schau von Mirra Alfassa kennenlernten, hatten freie Bahn in uns, weil wir das Ziel nicht erkannten.

Seid bereit! Seid wachsam, für das, was wirklich zählt. Geht neue Wege der Rückbesinnung auf die Güte der Schöpfung. Findet sie wieder in der Natur. Sie ist ein guter Ratgeber. Schützt sie, auf dass sie euch schütze und ernähre. Ihr habt nur diese eine Quelle von Lebensgut.

Gebt dem Göttlichen wieder den Stellenwert, den es im kosmischen Geschehen seit Ewigkeiten innehat. Es ist an der Zeit alle Negativität zu transformieren in Licht und Liebe, in die Qualitäten, die im Ursprung unseres Seins als ewige Quelle sprudeln. Verbindet euch mit diesem Wasser, das euch nährt, weil es das Wasser eurer Seele ist. Dort seid ihr zuhause. Wir kommen aus Gott, wir gehen zu Gott, in uns ist Gott. So ist die Struktur des menschlichen Seins. Anerkennt dies und scheut euch nicht vor der Ablehnung durch Menschen, die dem alten Verständnis folgen. Geht euren Weg ohne Zweifel. Es ist der Weg eures Herzens, der göttlichen Quelle in euch. Mehr und mehr Menschen werden euch folgen und Engel werden euch geleiten, denn das ist der Weg in die Ewigkeit, der gewollt ist von Anfang an der Schöpfung.

Kontakt

emmaveh(at)gmx.de
emmaveh-autorin.de